Worte und Wege zum Leben
Ein kleines Glaubensbuch

Слова и Пути к Жизни
Маленькая книга веры

Worte und Wege zum Leben

Ein kleines Glaubensbuch

Слова и Пути к Жизни

Маленькая книга веры

Erarbeitet von Andreas Baur und Wilhelm Plöger
Подготовили Андреас Баур и Вильгельм Плёгер

Übersetzung: E. Staffa und M. Ziegenhagel
Перевод: Э. Штаффа и М. Цигенхагель

PLÖGER VERLAG GMBH, ANNWEILER/ESSEN

ПЛЁГЕР ИЗДАТЕЛЬСТВО ГМБХ, АННВАЙЛЕР/ЭССЕН

Bildtitel und Bildnachweis:

S. 15: 1+2 foto-present, Essen
S. 35: Der auferstandene Christus; romanisch, Wienhausen. Archiv
S. 48: Seewald Bilderbibel, Herder Freiburg
S. 66: Goldene Madonna, Essen. foto-present, Essen
S. 67: Madonna von Tschenstochau
S. 72: Ikone, Mutter Gottes. Fam. Schmitz, Eußerthal
S. 95: foto-present, Essen
S.112: Kelch des Hl. Liudger; 9. Jh. Essen-Werden
S. 120/121: Lothar Nahler, Hildesheim
S.135: Die Glocke von Friedland
S.167: foto-present, Essen

Übersetzt nach:
»Worte und Wege zum Leben« Ein kleines Glaubensbuch
1. Auflage 1988, 4. Auflage 1991
Plöger Verlag GmbH, Annweiler/Essen

ISBN 3-924574-53-7

Umschlagentwurf: Gerd Meussen, Essen
Gesamtherstellung: Präzis-Druck GmbH, Karlsruhe

GELEITWORT

Glauben lernt man von gläubigen Menschen, von Glaubenszeugen, denen man begegnet oder von denen man erfährt. Ist das Christentum heute deswegen vielen unbekannt oder bei vielen verkannt, weil solche Begegnungen nicht stattgefunden haben?

In den letzten Jahren sind aus verschiedenen Ländern Osteuropas Aussiedler nach Deutschland gekommen. Tief bewegt von den Begegnungen mit ihnen und beeindruckt von ihrem Glauben waren sie uns herzlich willkommen.
Diesen Willkommensgruß rufe ich auch Ihnen zu, die Sie aus den Ländern der Sowjetunion nun zu uns kommen.

Bewußt, daß das neue Kapitel Ihres Lebens mit manchen Schwierigkeiten verbunden ist, stelle ich Ihnen ein Buch zur Verfügung, das Sie zum Nachdenken über Ihren eigenen Glauben anregen und zu Gesprächen über die Botschaft der Kirche in Familie, Schule und Pfarrei ermuntern soll.
Vorab in der Familie – denn dort soll gläubiges Leben am ersten erfahren werden: in Gebet, Hinwendung zu Gott in Freude und Leid, in gläubiger Gestaltung des Alltags und des Sonn- und Feiertags, dann aber auch in der Schule, wo Glaubenswissen und Handeln nach dem Glauben überzeugend gelehrt und gelernt werden sollen. Das alles kann und muß in der Pfarrei in vielfältiger Weise aufgegriffen, weitergeführt und vertieft werden, um die uns allen gestellte Aufgabe der Evangelisierung zu erfüllen.

Das Buch ist zweisprachig gehalten: russisch, weil viele von Ihnen, besonders aus der jungen Generation bis jetzt so gesprochen und gebetet haben und deutsch, in der Sprache Ihrer neuen Heimat. Nehmen Sie es an im Geiste unserer Kirche, in der es »nicht mehr Juden und Griechen, nicht Sklaven und Freie, nicht Mann und Frau« gibt. »DENN IHR ALLE SEID EINER IN JESUS CHRISTUS« (Gal 3, 28).

Ihr

(Franz Kardinal Hengsbach)

Essen, am Osterfest 1991

VORWORT

Liebe Landsleute,
keine Volksgruppe mußte wegen ihres Deutschtums soviel unter der Kriegsschuld leiden wie Ihr! Geschichtliche Unkenntnis, politische Oberflächlichkeit und politischer Opportunismus haben in Deutschland zu einer Stimmung gegen die Aussiedler geführt, was man nur bedauern kann.
Auch das mag zu Eurem Leidensweg gehören, den man nur aus christlicher Sicht begreifen kann. Dieses Glaubensbuch will Euch helfen und zeigen, daß Gott da ist, trotz allem Leiden, und daß Christus alle Menschen durch Leid und Kreuz erlöst hat. Dies ist für uns Menschen schwer oder kaum zu verstehen. Haben wir Vertrauen: Das große Leiden, Verhungern, Erfrieren – Sterben von hunderttausenden Rußlanddeutschen in den Weiten Sibiriens und anderen Teilen der Sowjetunion kann Gott nicht unerhört lassen. Er weiß um das Leiden seines Volkes, hören wir auf Ihn und öffnen wir uns Ihm!

P.E. Reinhardt, SVD
Beauftragter der Deutschen
Bischofskonferenz für die
Seelsorge an den katholischen
Rußlanddeutschen

INHALTSVERZEICHNIS

СОДЕРЖАНИЕ

EIN WORT VORAUS

Seit dem II. Vatikanischen Konzil wird der Ruf nach der Erneuerung der Kirche, nach einer neuen *Evangelisierung,* immer wieder erhoben. Als die Säulen der Evangelisierung gelten:

1. Unseren Glauben kennen und bekennen
2. Unseren Glauben feiern in Liturgie und Sakrament
3. Unseren Glauben leben in der Welt

Der *Zugang* zum Glauben und seinen Lebenswerten, zu der Hoffnung, die er begründet, zur Liebe, die er entfacht, findet sich in den menschlichen Voraussetzungen, auf denen der Glaube weiterbaut. Die Gnade des Glaubens setzt natürliches Verlangen nach Wahrheit und Liebe, Fähigkeit zu Vertrauen, Hingabe, Verantwortung, Willen zum Guten voraus und weckt diese Haltungen.

Zum Leben des Glaubens in der Welt gehört besonders das *Gebet.* Es trägt das christliche Leben des Alltags, die neuen Aufbrüche und die notwendigen Verzichte. Das Gebet verleiht dem Alltag die Seele; anders ausgedrückt: Das Gebet ermöglicht die Mystik und Aszese unseres täglichen Lebens.

Darauf wollen die fünf kleinen Kapitel dieses Buches hinweisen:

– Wie finden wir Zugänge zum Glauben?
– Wie glauben und bekennen wir?
– Wie leben wir als Christen in der Kirche?
– Wie leben wir als Christen in der Welt?
– Wie beten wir als Christen alle Tage unseres Lebens?

Wo in einer Familie versucht wird, aus der hier nur kurz dargestellten Wahrheit zu leben, sie immer tiefer zu erfassen und sich an ihr zu freuen, geschieht die religiöse Erziehung der Kinder fast wie von selber; denn die *Weitergabe des Glaubens* erfolgt mehr durch Beispiel und Zeugnis als durch Belehrung. Sie geschieht wesentlich durch den täglichen, vom Glauben geprägten Lebensvollzug, durch Gebet, die Feier der Sonn- und Feiertage, den Empfang der Sakramente und durch das geduldige, helfende und bekennende Wort.

Auch die christliche Freude hat ihren tiefsten Grund in der Zuversicht des Glaubens, in der Kraft der Hoffnung und in der tief begründeten christlichen Liebe.

Предисловие

После Второго Ватиканского собора снова и снова раздаются призывы к обновлению Церкви, к новой евангелизации. Столпы евангелизации:

1. Нашу веру знать и исповедать
2. Нашу веру славить в церковном богослужении и в таинстве
3. По нашей вере жить в миру

Подход, доступ к вере и к ее ценностям, к надежде, в основе которой она лежит, к любви, которую она пробуждает и разжигает, заложен в самом человеке, в присущих ему искони качествах, на которых строит вера. Благодать веры предполагает наличие в человеке естественной потребности в истине и любви, способности доверять, быть преданным и самоотверженным, чувство ответственности и воли к доброму, и пробуждает в человеке эти чувства.

Неотъемлемым элементом жизни по вере в миру является, в первую очередь, молитва. Она оплодотворяет будничную христианскую жизнь, новые начинания и необходимые жертвы. Молитва придает будням душевность. Другими словами, молитва делает возможными мистическое и аскетическое в нашей будничной жизни.

Пять маленьких глав этой небольшой книги указывают на то:

– Как нам найти доступ к вере?
– Как мы верим и исповедуем нашу веру?
– Как живем мы, христиане, в Церкви?
– Как живем мы, христиане, в миру?
– Как молимся мы, как христиане, в повседневной нашей жизни?

В семье, в которой стремятся жить по описанной здесь вкратце правде, понимать ее все глубже и обретать от нее радость - там религиозное воспитание детей происходит почти само по себе, потому что вера передается скорее личным примером и свидетельством, нежели наставлением. Такая передача, такое воспитание в вере происходит, в значительной степени, через исполненный верой каждодневный, будничный образ жизни, через молитву, празднование воскресных и праздничных дней, принятие таинств и через терпеливое, помогающее и исповедное слово.

И христианская радость уходит своими глубокими корнями в уверенность веры, в силу надежды и в глубины христианской любви.

FRAGEN AUF DEM WEG INS DRITTE JAHRTAUSEND

Am Ende dieses Jahrhunderts leben viele Menschen länger, angenehmer, informierter, gesünder, beweglicher als dies früher möglich war.
Aber leben wir froher, glücklicher? Haben wir weniger Angst? Gehen wir besser miteinander um? Da gibt es sicher nicht nur ein Ja. Wir sind in Gefahr, trotz großer Fortschritte viel Gutes und Wertvolles zur verlieren; auch den Glauben.
Dieses kleine Buch will helfen, den christlichen Glauben in unserer Zeit bewußt zu leben.
Wir fassen uns in diesem Buch sehr kurz. Ausführlicher haben wir für Kinder, Eltern und Lehrer in *„Mein Glaubensbuch"* dies dargestellt; gründlicher noch in *„Botschaft des Glaubens"*. Unsere Bischöfe haben im Katholischen Erwachsenenkatechismus den Glauben der Kirche in theologisch vertiefter Weise dargelegt. Dem Fragenden und Suchenden fehlt es also nicht an Hilfsmitteln, Antwort zu finden.
Wichtiger ist aber, die Botschaft von unserem Heil nicht nur zu wissen, sondern freudig im Herzen aufzunehmen und sie zu leben, so gut es uns gelingt. Dazu möchte dieses kleine Buch in Wort und Bild Wege zeigen und die Leser anregen, es oft zu benutzen und dadurch Zugänge zu finden zu einem Leben mit Gott.

ВОПРОСЫ НА ПУТИ В ТРЕТЬЕ ТЫСЯЧЕЛЕТИЕ

В конце нынешнего столетия многие люди живут дольше и удобнее. Они более информированны, ведут более здоровый образ жизни и могут больше и проще передвигаться, чем можно было раньше.

Но живем ли мы радостнее, счастливее? Меньше ли у нас страхов? Обращаемся ли мы лучше друг с другом? На это, конечно, нельзя ответить только одним «Да». Нам грозит опасность, вопреки большому прогрессу и многим благам, потерять что-то ценное, и веру тоже.

Эта небольшая книга хочет помочь сознательно жить в наше время по христианской вере.

В этой книге мы будем очень кратки. Более подробно мы изложили это для детей, родителей и учителей в книге «Моя книга веры», а еще тщательнее в книге «Весть веры». Наши епископы богословски углубленно изложили веру Церкви в Католическом катехизисе для взрослых. Таким образом, у вопрошающего и ищущего достаточно пособий, где он может найти нужные ему ответы.

Однако еще важнее не только знать благую весть о нашем спасении, но с радостью принять ее в свое сердце и жить ею, насколько это в наших силах. Эта книга предназначена для того, чтобы показать словом и образом путь к этому, и побудить читателей часто брать ее в руки, таким образом, найти пути и подходы к жизни с Богом.

I. Wie finden wir Zugänge zum Glauben?

I. Как найти доступ к вере?

Der 19. Psalm beginnt mit den Worten:

Die Himmel rühmen die Herrlichkeit Gottes,
vom Werk seiner Hände kündet das Firmament.
Ein Tag sagt es dem anderen,
eine Nacht tut es der anderen kund,
ohne Worte und ohne Reden,
unhörbar bleibt ihre Stimme.
Doch ihre Botschaft geht in die ganze Welt hinaus,
ihre Kunde bis zu den Enden der Erde.

Псалом 19 начинается словами:

Небеса проповедуют славу Божию,
и о делах рук Его вещает твердь.
День дню передает речь,
и ночь ночи открывает знание.
Нет языка, и нет наречия,
где не слышался бы голос их.
По всей земле проходит звук их,
и до пределов вселенной слова их.

FRAGEN

Woher kommen wir?
Wohin gehen wir?
Was sollen wir?
Was sind wir?

Das sind wichtige Fragen. Sie begleiten uns solange wir leben. Viele wissen darauf keine befriedigende Antwort. Sie möchten darum die Fragen am liebsten nicht stellen. Aber unser ganzes Leben fragt: *Woher, wohin, wozu, warum?*
Wir Christen geben Antwort auf diese Fragen. Im Glauben sehen wir:

Gott hat uns erschaffen – wir kommen von Gott
Gott schenkt uns Zukunft – wir gehen zu ihm
Gott zeigt uns den Weg – wir folgen seinen Weisungen
Gott liebt uns – wir sind seine Kinder

Das wissen wir durch Gottes Wort, das uns die Kirche überliefert und auslegt. Ihre Glaubensquelle ist die Heilige Schrift und die Überlieferung. Sie enthält Gottes Offenbarung.

Aber wir täuschen uns nicht, wir wissen auch:

Gott ist ein Geheimnis.
Die Welt, die er geschaffen hat, gibt viele Rätsel auf.
Unser Leben, das Gott uns geschenkt hat, ist auch von Leid und Sünde bedroht.
Wir Menschen können blind sein für Gott und für das Wahre, das Gute, das Rechte.
Wir können irren und schrecklichen Irrwegen folgen.
Darum danken wir Gott, daß er uns das Licht des Glaubens, die Zuversicht der Hoffnung, die Kraft zur Liebe geschenkt hat.
Wir wissen: *Wir sind auf Erden, um Gott zu erkennen, ihn zu lieben, ihm zu dienen und einst ewig bei ihm zu leben.*
Das ist die wichtigste Wahrheit für uns Menschen in dieser Welt.

Herr, lehre uns dich suchen und nach dir fragen.
Herr, lehre uns dich erkennen und dich lieben.

СПРАШИВАТЬ

Откуда мы пришли/происходим?
Куда мы идем?
Для чего мы?
Что мы такое?

Это важные вопросы. Они стоят перед нами всю нашу жизнь. У многих людей нет на них удовлетворительных ответов. Поэтому они вообще не хотят ставить себе эти вопросы. Но вся наша жизнь спрашивает: *откуда, зачем, для чего, почему?*
Мы, христиане, даем ответ на эти вопросы. В вере мы видим:

> Нас сотворил Бог - мы происходим от Бога
> Бог дарит нам будущее - мы идем к Нему
> Бог указывает нам путь - мы следуем Его указаниям
> Бог любит нас - мы Его дети

Мы знаем это из Слова Божия, которое донесла до нас и истолковала нам Церковь. Источник ее веры - Священное Писание и предание. В нем заключено Божие откровение.
Но мы не заблуждаемся, мы также знаем:
Бог - это тайна.
Мир, который Он сотворил, ставит перед нами много загадок.
Нашей жизни, которую подарил нам Бог, также угрожают страдания и грех.
Мы, люди, можем быть слепы к Богу и к истинному, к доброму, к правильному.
Мы можем ошибаться, заблуждаться, следовать ужасным ложным путям.
Поэтому мы благодарим Бога за то, что Он подарил нам свет веры, уверенность надежды и силу любви.
Мы знаем: *мы живем на земле, чтобы познать Бога, любить Его, служить Ему и в будущем вечно пребывать у Него.*
Эта самая важная истина для нас, людей, на земле.

> Господи, научи нас искать Тебя и спрашивать о Тебе.
> Господи, научи нас узнавать Тебя и любить Тебя.

STAUNEN

Warum staunen?

Die Welt, in der wir leben, ist wunderbar. Jede Blume, jeder Käfer, jeder Schmetterling ist zum Staunen. Jede sternenglänzende Nacht erfüllt uns mit Bewunderung. Wir müssen nur die Augen auftun: alle Geschöpfe sind zum Staunen. Auch viele Werke und Leistungen der Menschen sind staunenswert. Am meisten aber sind wir Menschen selber wunderbar geschaffen. Und wir können einander Freude bereiten und füreinander ein Segen sein.

Worte der Bibel

> Die Himmel rühmen die Herrlichkeit Gottes, vom Werk seiner Hände kündet das Firmament.

Psalm 19,2

> Du hast mein Inneres geschaffen, mich gewoben im Schoß meiner Mutter. Ich danke dir, daß du mich so wunderbar gestaltet hast.
> Ich weiß: staunenswert sind deine Werke.

Psalm 139,13–14

> Zu Abraham sprach Gott: du sollst ein Segen sein.

Gen 12,2

Herr, laß mich ein Segen sein in deiner Welt!

Erschrocken sein über das Leid in der Welt.

Die Welt, in der wir leben, ist aber auch voller Leid:
Krankheit, Schmerz, Tod. Das Leidvollste aber ist das Böse, das Menschen einander antun – Streit und Hader bis hin zum Mord. Über die Möglichkeit des Bösen können wir nur erschrocken staunen! Und wir sehen: Auch in unserem Herzen regt sich die Selbstsucht, der Eigensinn, die Bosheit. Böses kann Macht gewinnen über uns. Wir ahmen nicht nur Gutes nach, sondern auch das Böse.
Wir müssen versuchen, dem Bösen in unserem Leben zu widerstehen. Dabei erfahren wir: Dafür sind wir nicht stark genug. Wir brauchen Hilfe: Glaubwürdige Menschen, rechte Wegweisung, gute Freunde.

УДИВЛЯТЬСЯ

Почему удивляться?

Мир, в котором мы живем, удивителен. Можно удивляться каждому цветку, каждой бабочке, каждому жуку. Каждая звездная ночь исполняет нас восхищением. Нужно только открыть глаза - все твари на удивление. И многие дела рук человеческих и достижения человека достойны удивления. Удивительнее всего, однако, созданы мы, люди. Мы можем приносить друг другу радость и быть друг другу счастьем, благословением.

Слова Библии

> Небеса проповедуют славу Божию,
> и о делах рук Его вещает твердь.

Пс. 19:2

> Ибо Ты устроил внутренности мои
> и соткал меня во чреве матери моей.
> Славлю Тебя, потому что я дивно устроен.
> Дивны дела Твои,
> и душа моя вполне сознает это.

Пс. 139:13-14

> И сказал Бог Аврааму:... и будешь ты в благословение.

Быт. 12:2

Господи, позволь мне быть благословением в Твоем мире!

Испытывать ужас перед страданиями и горем в мире.

Но мир, в котором мы живем, полон страданий:
болезнь, боль, смерть. Но скорбное и мучительное - это зло, которое люди причиняют друг другу - ссора и распри, вплоть до убийства. Перед тем, на что способно зло, мы можем лишь испытывать ужас. И мы видим: и в нашем сердце просыпается эгоизм, своенравность, злость. Злое может обрести над нами власть. Мы подражаем не только хорошему, но и злому.

Мы должны попробовать воспротивиться злому в нашей жизни. Тогда мы узнаем: мы недостаточно сильны для этого. Нам нужна помощь: правдивые люди, на которых можно положиться, правильные указания, друзья.

Wo aber Hilfe suchen?

Gläubige Menschen bezeugen uns: auch das Leid kann uns zu Gott führen

- Der gute Gott steht uns bei: die Freude an Gott ist unsere Kraft.
- Gottes Sohn Jesus Christus steht uns bei: er ist unser Erlöser; er hat Sünde und Tod besiegt; er geht uns mit seinem Beispiel voran.
- Gottes Heiliger Geist steht uns bei: durch ihn ist die Liebe zu Gott und zu den Menschen in unserem Herzen lebendig.

Gott, du schenkst uns die Freude an allem Guten und bewahrst uns vor dem Bösen.

Gott, ich staune über deine Welt, die du erschaffen hast. Ich staune über den Menschen, den du so wunderbar gestaltet hast. Am meisten staune ich über dich: du hast uns die Freiheit zum Guten geschenkt; Herr, hilf uns, Gutes zu tun und bewahre uns vor allem Bösen in deiner Welt.

Но где искать помощь?

Верующие свидетельствуют нам: страдания тоже могут привести нас к Богу

– Добрый Бог помогает нам: радость в Боге - наша сила.
– Иисус Христос - Сын Божий помогает нам: Он наш Спаситель, Он победил грех и смерть; Он подает нам пример.
– Святой Дух Божий помогает нам: через него живет в наших сердцах любовь к Богу и к людям.

Боже, Ты даруешь нам радость во всем добром и хранишь нас от зла.

Боже, я дивлюсь Твоему миру, который Ты сотворил. Я дивлюсь человеку, которого Ты так чудно создал. Но больше всего я дивлюсь Тебе: ты даровал нам свободу творить добро; Господи, помоги нам делать доброе и избави нас от злого.

DANKEN

Nichts im Leben ist selbstverständlich:

– Daß wir geboren wurden und das Leben haben,
– daß wir aufgenommen und geliebt worden sind,
– daß wir als Kinder großgezogen wurden,
– daß wir Freundlichkeit erfahren,
– daß wir gute Menschen kennen und lieben,
– daß wir lernen können, Gutes vom Bösen zu unterscheiden.

Über das scheinbar Selbstverständliche staunen wir zu wenig.
Wenn wir daran denken, was uns alles geschenkt ist ohne unser Zutun, ohne unser Verdienst, ohne unsere Leistung – dann muß unser Staunen übergehen in Danken. Denken lehrt danken!
Vieles Gute verdanken wir Vater, Mutter, Verwandten, Freunden und anderen Mitmenschen.

Warum Gott danken?

Daß wir überhaupt das Licht der Welt erblicken durften, daß es uns gibt, daß wir leben – das verdanken wir dem großen wunderbaren Geheimnis, das Gott ist. Er hat uns gewollt. Er sagt Ja zu uns. Unser ganzes Leben soll dafür Dank sagen vor ihm. Wir dürfen uns freuen:

Wir sind Kinder des himmlischen Vaters.
Wir sind Brüder und Schwestern Jesu.
Wir sind Wohnung des Heiligen Geistes.

Ich will dir danken, Herr, daß ich bin. Ich danke dir für das Licht der Sonne und das Licht dieses Lebens. Ich freue mich über die Menschen, denen ich danken darf – auch sie hast du mir geschenkt. Ich verschließe meine Augen nicht vor dem Dunklen in dieser Welt. Es gibt in ihr das Böse, das zu fürchten ist. Ich danke dir, daß du mir die Kraft gibst für das Gute und gegen das Böse. Ich bitte dich, daß du mir diese Kraft immer erhältst. Ich will dir gehören und dir danken in der Gemeinschaft mit Jesus Christus, deinem Sohn, unserem Bruder und Herrn.

БЛАГОДАРИТЬ

В жизни нет ничего само собой разумеющегося:

- что мы рождаемся и что мы живем,
- что мы были приняты и что нас любят,
- что нас вырастили,
- что мы встречаем радушие,
- что мы хороших людей знаем и любим,
- что мы можем научиться отличать доброе от злого.

Мы слишком мало удивляемся тому, что на первый взгляд, кажется само собой разумеющимся.

Когда мы подумаем о том, что нам даровано, хотя мы сами не приложили к этому никакого труда, без всякой нашей заслуги - тогда наше чувство удивления переходит в чувство благодарности. Размышление учит благодарению!

Многим хорошим мы обязаны отцу, матери, родственникам, друзьям и другим окружающим нас людям.

Почему нужно благодарить Бога?

То, что мы вообще смогли увидеть свет мира, что мы существуем,что мы живем - всему этому мы обязаны огромной чудной тайне, которая есть Бог. Он хотел нас. Он говорит нам «Да». За это вся наша жизнь должна быть благодарностью Ему.

Мы можем радоваться:

Мы дети Небесного Отца.

Мы братья и сестры Иисуса.

Мы храм Святого Духа.

Господи, благодарю Тебя за то, что я есть. Благодарю Тебя за солнечный свет и за свет этой жизни. Я радуюсь о людях, которых я могу благодарить - и это Ты тоже даровал мне их. Я не закрываю глаз перед темным мира сего. В нем есть зло, перед которым надо испытывать страх. Благодарю Тебя за то, что Ты даешь мне силу на хорошее и против зла. Прошу Тебя, оставь мне навсегда эту силу. Я хочу принадлежать Тебе и благодарить в братстве с Иисусом Христом, Твоим Сыном, нашим Братом и Господом.

HOCHACHTEN

Gott hat zu mir Ja gesagt; darum sage auch ich zu mir Ja. Freilich weiß ich, daß ich mich nicht übernehmen darf. Gott allein ist der Gute – nicht ich. Er allein ist weise, gerecht und liebevoll – nicht ich. Ich kann mich nur um all dieses Gute bemühen. Aber Gott hat zu mir Ja gesagt, obwohl ich erst auf dem Weg bin.
Ich möchte auch von anderen nicht geringgeschätzt werden. Ich möchte, daß auch sie mich achten.
Jesus Christus hat gesagt: *Alles, was ihr von anderen erwartet, das tut auch ihnen.*
Das ist die ganze Gerechtigkeit.

O Gott, gib mir die Kraft, meine Mitmenschen zu achten. Ich kann nicht wollen, daß sie mich achten und mögen, wenn ich selber sie nicht achte und mag. Alle sind deine Geschöpfe, von dir gerufen und gewollt. Ich will zu allen Ja sagen.

Wenn ich daran denke, was dazu gehört...
Wenn ich daran danke, wer dazu gehört...
Wenn ich daran denke, wen ich mag und wen nicht...
Du aber Gott, hast allen das Leben gegeben. Alle wollte dein Sohn Jesus Christus erlösen. Allen willst du mit deinem Heiligen Geist nahe sein und sie innerlich durchdringen. Laß mich lernen von dir.
Ich würde nicht alle achten können, wenn ich nicht Ehrfurcht hätte vor dir, der du die Sonne aufgehen läßt über Gute und Böse.

Herr, ich will dich ehrfürchtig ehren und achten, du mein großer Gott. Du bist das Wunderbarste, was es gibt. Du bist das Beste, was es gibt. Du bist die Liebe, du bist die Güte, du bist die Gerechtigkeit, du bist die Freude. Herr, ich bin klein vor dir. Gib mir Ehrfurcht vor dir, dann werde ich auch ehrfürchtig sein können vor mir selber und vor den Menschen. Ich will mich vor Dir und den Menschen nicht überheben. Deine Frohe Botschaft sagt: Die Stolzen verachtet Gott und den Demütigen gibt er seine Gnade.

ГЛУБОКО УВАЖАТЬ

Бог сказал мне «да», поэтому и я говорю мне «да». Конечно, я знаю, что я не должен мнить о себе слишком много. Один Бог благ, а не я. Лишь Он один мудр, праведен и преисполнен любви, а не я. Я сам могу лишь стремиться ко всем этим благам. Но Бог сказал мне »да«, хотя я только вступил на этот путь. Я хотел бы, чтобы и другие люди не думали обо мне плохо, или презирали меня. Я хотел бы, чтобы и они уважали меня.
Иисус Христос сказал: *делайте другим то, что вы хотите, чтобы они сделали вам.*
В этом вся справедливость.

О Боже, дай мне силы уважать окружающих меня людей. Я не могу желать, чтобы они меня уважали и любили, если я сам не уважаю и не люблю их. Все - Твои создания, Тобою желанные и призванные. Я хочу сказать всем людям «да».

Если я только подумаю о том, что сюда входит...
Если я только подумаю, кто сюда входит...
Если я только подумаю, кого я люблю и кого нет...
Но Ты, Боже, дал всем жизнь. Твой Сын, Иисус Христос, хотел искупить всех. Ты хочешь быть близким всем через Твоего Святого Духа и внутренне исполнить их. Боже, позволь мне научиться у Тебя.
Я не смог бы уважать всех, если бы я не испытывал благоговение перед Тобою, Который повелевает солнцу всходить над добрыми и злыми.

Господи, я хочу честно чтить и чествовать Тебя, мой великий Боже. Нет дивней Тебя среди всего сущего. Нет лучшего, чем Ты среди всего сущего. Ты - любовь, Ты - благодать, Ты - праведность, Ты - радость. Господи, я мал и слаб перед Тобою. Дай мне благоговения перед Тобою, тогда я смогу чувствовать благоговение и перед самим собой и перед людьми. Я не хочу превозноситься перед Тобой и перед людьми. Твоя благая весть гласит: Бог гордым противится, а смиренным дает благодать.

SCHWEIGEN

Wer hören will, muß schweigen können.
Wer nachdenken will, muß still sein können.
Wer ein rechter Mensch werden will, muß auch allein sein können – ohne selbstgemachten Lärm. Wir brauchen die Stille. Dann finden wir zu uns und finden Gott. Gottes Erscheinen ereignet sich ohne äußere Machtentfaltung. Sie ist dennoch spürbar und unmittelbar nah wie ein Lufthauch.

Herr, ich höre schlecht zu.
Herr, ich rede zuviel und unnötig.
Herr, bin ich so voll von mir?
Ich bin taub für deine Worte, weil ich zu wenig schweige.

Ich sehe nichts ein, weil ich nicht still bin. Ich nehme nichts wahr, weil mich Lärm und Gerede umgibt. Herr, gib mir Freude an der Stille, damit ich lerne, auf dich zu hören. Und gib mir Freude an deinem Wort!

Herr, lehre mich das Schweigen, damit du zu mir reden kannst!

Erschließe mir dein Wort und deine Weisheit.

Herr, lehre mich festhalten und tun, was ich im Schweigen vor dir vernehme! Denn ich möchte deinen Willen tun und den Menschen Güte und Freundlichkeit bringen.

Die Ewigkeit ist stille, laut die Vergänglichkeit.
Schweigend geht Gottes Wille über den Erdenstreit.

W. Raabe

МОЛЧАТЬ

Кто хочет слышать, тот должен уметь молчать.
Кто хочет размышлять, тот должен уметь молчать.
Кто хочет стать настоящим человеком, тот должен уметь быть в одиночестве, не поднимая никакого шума. Нам нужна тишина. Тогда мы находим себя и тогда мы находим Бога. Явление Бога не сопровождается внешним проявлением силы. Но её все же можно чувствовать, и она очень близка, как дуновение воздуха.

Господи, я очень плохо прислушиваюсь к тому, что говорят люди. Господи, я говорю слишком много и без надобности. Господи, может быть я слишком преисполнен собою?
Я глух к Твоим словам, потому что я слишком мало молчу. Я ничего не понимаю, потому что я не молчу. Я ничего не воспринимаю, потому что вокруг меня шум и болтовня и разговоры. Боже, дай мне способность радоваться тишине, чтобы я мог научиться слышать Тебя. И дай мне способность радоваться Твоему Слову!

Господи, научи меня молчать, чтобы Ты мог говорить мне!
Открой мне Твое Слово и Твою мудрость.

Господи, научи меня помнить и исполнять то, что я слышу от Тебя в тишине! Потому что я хочу исполнять Твою волю и приносить людям благо и радушие.

Вечность молчит, прошлое громко кричит.
Тихо проходит Божья воля над земной юдолью.

В. Раабе

DIE GRENZEN SPÜREN

Ach, wie flüchtig, ach wie nichtig ist der Menschen Leben! Wie ein Nebel bald entstehet und auch wieder bald vergehet, so ist unser Leben, sehet.
Ach, wie nichtig, ach wie flüchtig sind der Menschen Sachen! Alles, alles, was wir sehen, das muß fallen und vergehen. Wer Gott fürcht', wird ewig stehen.
So singen wir in einem alten Kirchenlied (GL 657). Es schildert, daß wir immer und überall an Grenzen stoßen: die Grenze unserer Zeit – wir sind vergänglich; die Grenze unserer Kraft – wir können vieles nicht. Die Grenzen unserer Wünsche – viele erfüllen sich nicht. Wir sind ohnmächtig, Leid und Unrecht in der Welt zu beseitigen. Dennoch dürfen wir nicht verzagen.
In einem anderen Lied aber heißt es: „Wir sind zur Freud geboren und nicht zum Trauern hier. In Traurigkeit gehn wir verloren, in Freude siegen wir."

Aber woher sollen wir die Freude nehmen, wenn wir auf so viele Grenzen stoßen?

Es ist gewiß:

Wer weiß, daß er geliebt wird, kann sich freuen.
Wer weiß, daß er gebraucht wird, findet in seinem Leben einen guten Sinn: er kann selber Liebe schenken.

Gott ist es, der uns von Anfang an liebt und unser Leben trägt. Gott ist es, der uns ruft, ihm und den Menschen zu dienen. Wer seine Zeit sinnvoll nutzt, seine Kräfte zum Guten einsetzt und tut, was ihm möglich ist, spürt zwar seine Grenzen, erlebt aber auch Freude und inneren Frieden.

Der heilige Bernhard von Clairvaux sagt:

Das ist ein vollkommener Mensch, der diese drei Dinge zu vereinen weiß: über sich selber seufzen, sich in Gott erfreuen und: dem Nächsten dienen.

ЧУВСТВОВАТЬ ПРЕДЕЛЫ

Ах, как скоротечна, ах как ничтожна жизнь человеческая! Вот, быстро поднимается туман и так же быстро снова исчезает - такова же, смотрите, и наша жизнь. Ах, как ничтожны, как преходящи дела человека! Всё, что мы видим - всё распадётся и прейдет. Кто боится Бога, пребудет вовек.

Так поем мы в одной старой церковной песне. В ней говорится о том, что мы всегда и везде натыкаемся на пределы. Предел нашего времени - мы преходящи; предел наших сил - многое мы просто неспособны сделать. Границы наших желаний - многие наши желания остаются неисполненными. Мы бессильны покончить с горем и несправедливостью в нашем мире. И все же мы не имеем права падать духом и отчаиваться.

А в другой песне поется: »Мы рождены для радости, а не для печали. В печали мы погибнем, в радости мы победим«.

Но откуда мы можем обрести радость, если мы наталкиваемся на столько границ?

В этом мы уверены:

Кто знает, что он любим, может радоваться.

Кто знает, что он нужен и видит смысл в своей жизни, тот может сам дарить людям любовь.

Это Бог с самого начала любит нас и оплодотворяет нашу жизнь. Это Бог призывает нас служить Ему и людям. Кто разумно использует свое время, кто свои силы употребляет на то, чтобы делать хорошее и доброе, кто делает все возможное, тот, правда, осознает свои границы, но чувствует также радость и внутренний покой.

Святой Бернар Клервоский сказал:

Совершен тот, кто может сочетать три вещи:
вздыхать о себе, радоваться в Боге и: служить ближнему.

VERTRAUEN

Zwischen Lachen und Weinen, zwischen Arbeit und Muße, zwischen Hoffen und Versagen verläuft unser Leben. Hell und dunkel wechseln darin. Darum ist es so wichtig, daß wir immer und trotz allem voll Vertrauen sind: Es ist gut, daß wir leben, wir dürfen dankbar sein, daß wir sind. Dieses Vertrauen gründet in Gott; und wir lernen es von Menschen, denen wir vertrauen.
Darum ist es wichtig, daß wir Menschen um uns haben, denen wir vertrauen können. Und doch ist es viel zu wenig, nur uns selbst oder anderen Menschen zu vertrauen. Menschliches Wissen, Können und Lieben stößt immer an Grenzen. Der feste Boden, auf dem unser Leben aufbauen kann, ist Gott allein.
Das ist Lebensweisheit: *Gott vertrauen in allem, was geschieht, und trotz allem, was geschieht.*

Herr, laß mich das Vertrauen auf dich lernen!
Ich weiß, das schließt die Bitte ein: dein Wille geschehe, nicht der meine. Dein Wille ist der beste, nicht der meine. Darum kann ich auf dich vertrauen: du sollst mich führen und leiten, deine Wege sind recht. Das bleibt wahr, auch wenn es mir schwerfällt, dir durch Dunkel und Leid zu folgen. Du führst mich zum Ziel – zu dir.

Worte aus den Psalmen

Gewalttätige und Betrüger erreichen nicht die Mitte ihres Lebens. Ich aber setze mein Vertrauen auf dich. Wirf deine Sorgen auf den Herrn, er hält dich aufrecht! Er läßt den Gerechten niemals wanken

Psalm 55,24b–23

Gott ist uns Zuflucht und Stärke, ein bewährter Helfer in allen Nöten. Darum fürchten wir uns nicht, wenn die Erde wankt, wenn Berge stürzen in die Tiefe des Meeres,
wenn seine Wasserwogen tosen und schäumen und vor seinem Ungestüm die Berge erzittern.

Psalm 46

ДОВЕРЯТЬ

В нашей жизни есть смех и плач, радость и печаль, работа и досуг, надежда и неудача. Свет сменяется тьмой. Поэтому так важно, чтобы мы всегда, и несмотря на все, были исполнены доверия. Хорошо, что мы живем, мы можем быть благодарны за то, что мы существуем. Это доверие основано на Боге и мы учимся ему у людей, которым мы доверяем. Поэтому важно, чтобы вокруг нас были люди, которым мы можем доверять. И все же недостаточно доверять только себе и другим людям. Человеческое знание, умение и любовь всегда имеют свои пределы. Прочный грунт, на котором мы можем строить нашу жизнь - это только Бог.

Вот житейская мудрость: доверять Богу во всем, что бы ни случилось, и вопреки всему, что случится.

Господи, научи меня доверять Тебе!
Я знаю, что с этим связана просьба: да будет воля Твоя, а не как я хочу. Твоя воля превыше моей. Поэтому я могу довериться Тебе: веди меня и направляй, Твои пути правильны. Это остается истинно, даже если мне тяжело следовать за Тобой сквозь тьму и страдания. Ты ведешь меня к цели - к Себе.

Слова из псалмов

Кровожадные и коварные не доживут до половины дней своих. А я возлагаю на Тебя надежды. Возложи на Господа заботы твои, и Он поддержит тебя. Никогда не даст Он поколебаться праведнику.

Пс. 55:24б; 21

Бог нам прибежище и сила,
скорый помощник в бедах.
Посему не убоимся, хотя бы поколебалась земля
и горы двинулись в сердце морей.
Пусть шумят, вздымаются воды их,
трясутся горы от волнения их.

Пс. 46

NICHTS SOLL DICH ÄNGSTIGEN

In schwerer Zeit sagte ein Prophet dem Volk Israel:

Die aber, die dem Herrn vertrauen, schöpfen neue Kraft, sie bekommen Flügel wie Adler, sie laufen und werden nicht müde, sie gehen und werden nicht matt.

Jes 40,31

Nichts soll dich ängstigen, nichts dich erschrecken.
Alles geht vorüber.
Gott allein bleibt derselbe.
Alles erreicht der Geduldige,
und wer Gott hat, der hat alles.
Gott allein genügt.

Theresia von Avila

Herr, ich brauche dich jeden Tag.
Gib mir die Klarheit des Gewissens,
die dich fühlen und begreifen kann.
Meine Ohren sind taub,
ich kann deine Stimme nicht
vernehmen.
Meine Augen sind trüb,
ich kann deine Zeichen nicht sehen.
Du allein kannst mein Ohr schärfen
und meinen Blick klären,
mein Herz reinigen und erneuern.
Lehre mich zu deinen Füßen sitzen
und auf dein Wort hören. Amen.

Gebet von John Henry Newman († 1890),
anglikanischer Geistlicher, Konversion, Priester, Kardinal;
lange Zeit in Irland tätig.

ТЫ НЕ ДОЛЖЕН НИЧЕГО БОЯТЬСЯ

В тяжёлое время пророк сказал народу Израиля:

А надеющиеся на Господа обновятся в силе; поднимут крылья, как орлы, потекут - и не устанут, пойдут - и не утомятся.

Ис. 40:31

Ты не должен ничего бояться, ничего страшиться.
Все прейдет.
Лишь Бог пребудет;
Всего достигнет терпеливый,
а у кого Бог, тот имеет все.
Одного Бога достаточно.

Тереза Авильская

Господи, Ты нужен мне каждый день.
Дай мне чистую совесть,
которая может чувствовать и понимать Тебя.
Мои уши глухи,
Я не могу услышать Твой голос.
Мои глаза помутнели, я не могу видеть Твои знамения.
Ты один можешь развить мой слух
и прояснить мой взор, очистить и обновить мое сердце.
Научи меня сидеть у Твоих ног
и внимать Твоему слову. Аминь.

Молитва Джона Генри Ньюмэна (+1890)
англиканского священнослужителя, обратившегося в католичество; священник, кардинал, долгое время проповедовал в Ирландии.

II. Wie glauben und bekennen wir?

II. Как мы веруем и исповедуем свою веру?

Was wir Christen glauben und bekennen, ist im *Apostolischen Glaubensbekenntnis* zusammengefaßt.

Ich glaube an Gott,
den Vater, den Allmächtigen,
den Schöpfer des Himmels und der Erde,
und an Jesus Christus,
seinen eingeborenen Sohn, unseren Herrn,
empfangen durch den Heiligen Geist,
geboren von der Jungfrau Maria,
gelitten unter Pontius Pilatus,
gekreuzigt, gestorben und begraben,
hinabgestiegen in das Reich des Todes,
am dritten Tage auferstanden von den Toten,
aufgefahren in den Himmel,
er sitzt zur Rechten Gottes,
des allmächtigen Vaters,
von dort wird er kommen,
zu richten die Lebenden und die Toten.

Ich glaube an den Heiligen Geist,
die heilige katholische Kirche,
Gemeinschaft der Heiligen,
Vergebung der Sünden,
Auferstehung der Toten und
das ewige Leben.
Amen.

O mein Gott,
ich glaube an dich,
laß mich fester glauben;
ich hoffe auf dich,
laß mich sicherer hoffen;
ich liebe dich,
laß mich inniger lieben.

Во что мы, христиане, веруем изложено в *Апостольском Символе веры*

Верую в Бога
Отца, Всемогущего
Творца неба и земли,
и в Иисуса Христа,
Единородного Сына Божия, Господа нашего,
Который зачат от Святого Духа,
Который рожден от Девы Марии,
Который пострадал при Понтии Пилате,
был распят, умер и погребен,
сошел в ад
и в третий день воскрес из мертвых,
вознесен на небеса,
где Он сидит одесную Бога,
Своего Всемогущего Отца,
откуда придет судить живых и мертвых.
Верую в Святого Духа,
в святую католическую Церковь,
и в общность святых,
в прощение грехов,
в воскресение мертвых
и в жизнь вечную.
Аминь.

О, мой Боже,
я верую в Тебя, позволь мне сильнее верить;
я надеюсь на Тебя,
позволь мне верно надеяться;
я люблю Тебя,
позволь мне любить всей душой.

ICH GLAUBE AN GOTT, DEN VATER

Ich glaube – was heißt das?

– Das kann bedeuten:
  Ich meine, ich nehme an, ich vermute.
  Es heißt aber auch:
– Ich glaube dir, ich vertraue dir, deinem Wissen, deiner Wahrhaftigkeit, deiner Treue, deiner Zuneigung.
  Schließlich sagen wir mit demselben Wort:
  Ich glaube Gott; ich glaube an ihn.

Gott, ich glaube, daß du bist, mich liebst und mich führst. Ich glaube, daß du dich offenbart hast und mir deine bleibende Gemeinschaft schenken willst.

Wie kommen wir Christen zu einem solchen Glauben?

Das ist eine kurze und eine lange Geschichte.
Ich glaube, weil Vater und Mutter, Priester und Lehrer mich mit dem Glauben bekannt gemacht haben. Und sie haben mich in ihn hineingeführt; Gott aber hat das seinige getan. Ich bin getauft; ich gehe zur Kirche, ich bete; lebe mit Gott. – Das ist die kurze Geschichte ...
Eine lange Geschichte ist aber, wie wir Menschen überhaupt zum Glauben an Gott gekommen sind. Immer schon – soweit wir das zurückverfolgen können in der menschlichen Geschichte und Vorgeschichte – haben Menschen Ehrfurcht gekannt:

– Vor der Mutter Erde;
– Vor der Sonne, die Licht und Wärme und dadurch Leben spendet;
– Vor dem Mond, der die Zeiten bemißt im ständigen Wechsel; vor den Sternen, den Bergen, den Bäumen, den Quellen, den Lebewesen; vor den Kräften des Lebens und des Geschlechtes.

Viele hielten die geschaffenen Dinge für göttlich und verehrten sie als heilig. Aber es gab auch Menschen, die spürten: Gott ist größer. Wir können ihn nicht sehen und doch wirkt er alles.
So ließ Gott sich erspüren und erahnen. Aber das war ihm nicht genug.

ВЕРУЮ В БОГА ОТЦА

Верую - что это значит?

– Это может значить: я верю, я верю в Бога, я совершенно уверен, я твердо убежден.
  Но это также значит: у меня есть доверие к тебе, я верю в твою правдивость, в твою верность, в твою любовь.
  (В немецком »ich glaube« может также значить «я считаю, я полагаю».)

Боже, я верю, что Ты есть, что Ты меня любишь и меня ведешь. Я верю, что Ты открылся и хочешь даровать мне Твое постоянное присутствие.

Как приходим мы, христиане, к такой вере?

Это очень короткая и очень длинная история.
Я верую, потому что моя мать и мой отец, священник и учитель поведали мне о вере. И они ввели меня в нее; а Бог сделал при этом Свое. Я крещен, хожу в церковь, молюсь, я живу с Богом - вот это короткая история...
А длинная история - это история о том, как мы, люди, вообще пришли к вере в Бога. Уже завсегда - насколько мы можем проследить в истории и предыстории человечества - было известно людям чувство благоговения:

– Перед Матерью-землей,
– Перед солнцем, которое дает нам свет и тепло, и, тем самым, жизнь,
– Перед месяцем, который в своем постоянном изменении является для нас мерилом времени; перед звездами, перед горами, перед деревьями, перед источниками, перед живыми существами, перед силами жизни и перед силами пола.

Многие люди считали божественными произведения рук человеческих и почитали их за святыни. Но были и такие люди, которые чувствовали:
Бог - это нечто большее. Мы не можем Его видеть, но Он свершает все.
Таким образом Бог давал Себя почувствовать и предчувствовать. Но этого Ему было недостаточно.

OFFENBARUNG IN ISRAEL

Dem Volk Israel hat Gott sich in besonderer Weise zu erkennen gegeben. Er hat ihm seine verborgene Herrlichkeit, seine Menschenfreundlichkeit und Macht geoffenbart. Er begann mit diesem Volk eine eigene Geschichte.
Es ist die Geschichte des Auszugs aus Heimat und Vaterhaus, aus dem Bergenden und Gewohnten – mit Abraham; es ist die Geschichte der Befreiung des Volkes durch Mose, der Gesetzesvermittlung und des Bundesschlusses und der immer wieder geschenkten Vergebung von Schuld und Rettung aus dem Untergang. Das ist die Geschichte auch unseres Heiles. Sie beginnt auch für uns mit Abraham, dem Stammvater Israels, der auch Vater unseres Glaubens ist.
Die Geschichte des Volkes Israel, seiner Stammväter, seiner großen Männer und Frauen, seiner Könige und Propheten, seiner Weisheitslehrer und Sänger des Gotteslobes ist aufgeschrieben im ersten Teil der Bibel, dem *Alten Testament.*
Im zweiten Teil der Bibel, dem *Neuen Testament,* erfahren wir von Jesus Christus, unserem Erlöser und Herrn, und von den Anfängen seiner Kirche zur Zeit der Apostel.
Die Bibel ist freilich ein Buch, das über tausend Jahre wuchs, eigentlich eine ganze Bibliothek, eine Sammlung und immer neue Sichtung der Überlieferungen in Israel und der jungen Kirche. Auch wenn Sprache und Darstellungsweise durch Zeitverhältnisse uns fremd geworden sind, enthält sie Gottes Offenbarung: Gotteswort in Menschenwort. Sie ist das Buch der Kirche. Die Kirche studiert und meditiert es immer neu und legt es im Geist Jesu Christi aus.
Unter dem Namen Jahwe – „Ich bin da" – hatte sich Gott dem Mose in der Wüste geoffenbart. Israel erlebte, glaubte und verkündigte: *Jahwe ist ein gnädiger Gott* (Exodus 34).
Schon die Israeliten fragten aber nicht nur: *Woher kommen wir?* Und sie begnügten sich nicht mit der Antwort: Wir kommen von Abraham.
Sie fragten weiter, wie auch wir weiterfragen:
Woher kommen die Menschen, woher kommt die Welt? Sie antworteten: Derselbe Gott, der uns aus Ägypten geführt hat, hat auch die Welt und die Menschen erschaffen:
Im Anfang schuf Gott Himmel und Erde. Die Erde aber war wüst und wirr und Gottes Geist schwebte über dem Wasser.

Gen 1,1–2

ОТКРОВЕНИЕ ИЗРАИЛЮ

Народу Израиля Бог открыл Себя совершенно особым образом. Он открыл ему Свое величие, Свое человеколюбие и Свою мощь и силу. Он начал с этим народом совершенно особую историю. Это история ухода из родины и из отчего дома, от безопасного и привычного - с Авраамом; это история освобождения народа из египетского рабства с Моисеем, получения закона и заключения завета-союза, и неоднократно дарованного прощения грехов и спасения от гибели. Это также история нашего спасения. Она и для нас начинается с Авраама - праотца Израиля, который является отцом и нашей веры.

История народа Израиля, его патриархов, его великих мужей и женщин, его царей и пророков, его учителей мудрости и мужей, воспевавших хвалу Богу - все это записано в первой части *Библии, в Ветхом Завете.*

Во второй части Библии, в *Новом Завете,* мы узнаем об Иисусе Христе, нашем Спасителе и Господе, и о зарождении Его Церкви во времена Апостолов.

Библия - это книга, создававшаяся на протяжении тысячелетий, собственно, целая библиотека, собрание, в котором получили отражение все новые взгляды на предания Израиля и на предания в ранней Церкви. В ней заключено откровение Божие: слово Божие, изложенное человеческим языком, хотя язык и формы изложения стали нам несколько чуждыми из-за отделяющего нас от них большого диапазона времени. Библия - книга Церкви. Церковь изучает её и размышляет над ней по-новому и толкует её в духе Иисуса Христа.

Под именем Яхве - «Я здесь» - Бог открыл Себя Моисею в пустыне. Израиль познал, уверовал и возвестил: Яхве - милостивый Бог (Исх. 34).

Но уже израильтяне задавали себе не только вопрос: *откуда мы происходим*? И уже они не довольствовались ответом: мы происходим от Авраама.

Они спрашивали дальше, как и мы спрашиваем дальше:
Откуда произошли люди, откуда происходит мир?

На это они отвечали: Тот самый Бог, Который вывел нас из Египта, сотворил также и землю и людей:

В начале сотворил Бог небо и землю. Земля же была безвидна и пуста... и Дух Божий носился над водой.

Быт. 1:1,2

Die Bibel stellt dar, daß Gott alles, das Sichtbare und das Unsichtbare, geschaffen hat durch sein wirksames Wort. Ohne ihn war nichts und wäre nichts geworden und würde nichts bestehen. Unser Glaubensbekenntnis beginnt:

Ich glaube an Gott, den Vater, den Allmächtigen,
den Schöpfer des Himmels und der Erde.

Das „Wessobrunner Gebet" ist das älteste Gebet in deutscher Sprache, das wir kennen. Es lautet in unserem heutigen Deutsch:

Das erfragte ich unter den Menschen
als gewaltigstes Wunder:
Als Erde nicht war noch hoher Himmel,
noch Baum noch Berg nicht war,
noch Sonne nicht schien noch Stern,
noch Mond nicht leuchtete
noch das mächtige Meer,
als nirgends nichts war aller Enden und Wenden:
da war der eine allmächtige Gott,
der Herren mildester;
bei ihm viele Geister voll Herrlichkeit.
Doch eher als sie war der heilige Gott.

Allmächtiger Gott,
der du Himmel und Erde geschaffen
und den Menschen viel Gutes gegeben hast,
verleihe mir in deiner Huld den rechten Glauben,
gewähre mir Weisheit und Klugheit und Kraft,
dem Verderber zu widerstehn,
das Böse zu meiden
und deinen Willen zu vollbringen. Amen.

В Библии показано, что Бог сотворил все видимое и невидимое через Свое действенное Слово. Без Него ничего не было, и ничего не было бы, и ничто не смогло бы пребывать. Наш символ веры начинается словами:
Верую в Бога Отца, Всемогущего Творца неба и земли.

«Вессобрунская молитва» - это самая древняя известная молитва на немецком языке. На русском языке она звучит так:

Весть мне поведали люди как великое диво:
Когда еще не было ни земли, ни высокого неба,
ни дерева, ни горы еще не было,
ни солнце еще не сияло, ни звезда,
ни луна еще не светила,
ни могучее море,
когда было ничто без конца и края:
тогда был лишь Бог всемогущий,
премилостивейший Господь;
при Нем многие Духи величественные.
Но, прежде, чем они, был святый Бог.

Всемогущий Боже,
сотворивший небо и землю
и давший людям много благ,
дай мне по Твоей милости истинную веру,
дай мне мудрость, благоразумие и силу
противостоять погибели,
избегать злого
и исполнить Твою волю. Аминь.

WOHER DAS BÖSE?

Die Israeliten sahen auch, daß das Böse in der Welt mächtig ist und viel Unheil bringt. Warum ist das so, fragten sie. Die Bibel antwortet: Die Menschen erlagen der Versuchung, wie Gott sein zu wollen.
Seitdem verfeinden sich Menschen und tun ihren Brüdern und Schwestern Unrecht an; seitdem überheben sie sich stolz und verstehen einander nicht mehr; seitdem herrscht unter ihnen ein böser Geist, der sie gefangen hält und sie ihren Begierden und Gelüsten ausliefert.
Aus dieser Gefangenschaft müssen sie erlöst und befreit werden – und das können sie selber nicht.
Dies stellt die Bibel dar, indem sie erzählt von Adam und Eva, von Kain und Abel, vom Turmbau zu Babel, von Noah und der Sintflut. Immer fallen Menschen in Sünde und Unheil.
Doch schenkte Gott dem gefallenen Menschen Hoffnung, die in der ganzen Geschichte Israels anhielt: Hoffnung auf einen Befreier, Retter, Erlöser.
Wird das Gott selber sein? Wird das ein anderer sein, den sie Gesalbter des Herrn, Messias (griech. Christus) nannten? Die Propheten hielten diese Hoffnung wach.
Als aber Jesus als der Christus kam, erkannten viele ihn nicht und nahmen ihn nicht auf.
Er kam in sein Eigentum, aber die Seinen nahmen ihn nicht auf.

Joh 1,11

ОТКУДА ВЗЯЛОСЬ ЗЛО?

Израильтяне также видели, что зло имеет очень большую силу и причиняет в мире много несчастья. Почему это все так, спрашивали они. Библия отвечает: люди поддались искушению и сами захотели стать, как Бог.

С тех пор люди становятся врагами друг другу и причиняют своим братьям и сестрам несправедливость; с тех пор они много мнят о себе и не понимают больше друг друга; с тех пор властвует среди них злой дух, который господствует над ними и предает их на произвол их страстям и похотям.

Из этого плена они должны быть избавлены и освобождены, а сами они неспособны сделать это.

В Библии это поведано в истории Адама и Евы, Каина и Авеля, в рассказе о постройке Вавилонской башни, о Ное и всемирном потопе. Люди снова и снова впадают в грех и несчастье.

Но Бог даровал падшим людям надежду, которая проходит красной нитью через всю историю Израиля: надежду на Освободителя, Спасителя, Искупителя.

Будет это Сам Бог? Будет это другой, Которого они называли Помазанником Господа, Мессией (в греческом Христос)? Пророки не давали угаснуть этой надежде.

Однако, когда Иисус явился как Христос, многие не узнали Его и не приняли Его.

Он пришел к своим, а свои Его не приняли.

Ин.1:11

MÄCHTE UND GEWALTEN

Wir Menschen sind nicht die einzigen, die im großen Welttheater mitspielen. Die Bibel – und nicht nur sie – zeigt uns, daß zur Bühne der Welt auch Mächte und Gewalten gehören, die wir nicht mit unseren Sinnen wahrnehmen können.

Die Bibel spricht *von den guten Mächten, den Engeln,* die als herrliche unsichtbare Geister Gott umgeben, ihm dienen und als seine Boten ausgesandt werden. Gott ist der Herr und Schöpfer auch dieser Wesen. Sie treten besonders an den Höhepunkten der göttlichen Offenbarung in Erscheinung – bei Abraham und bei Mose, bei den Propheten und schließlich bei der Verkündigung an Maria, bei der Geburt Jesu, bei seiner Versuchung in der Wüste, bei seinem Leiden, seiner Auferstehung und seiner Himmelfahrt.

Die Bilder und Vorstellungen von Engeln sind zeitgebunden. Aber deswegen gehören sie nicht ins Reich der Phantasie. Wir stimmen in ihren Lobgesang ein bei jeder heiligen Messe. Und wir feiern die Feste von Michael, Gabriel, Raphael und aller Engel Gottes. Wir rufen die Engel an zu unserem Schutz.

Wir nennen den Engel,
der uns zur Seite steht,
Schutzengel.
Schutzengel beschützen uns
an Leib und Seele;
sie beten für uns und
ermahnen uns zum Guten.

НАЧАЛА И СИЛЫ

Мы, люди, не единственные участники на сцене большого мирового театра. Библия - и не только она - показывает нам, что на мировой сцене выступают также начала и силы, которые мы не можем воспринимать нашими органами чувств.

В Библии говорится *о добрых началах, Ангелах,* которые окружают Бога, как величественные, невидимые духи, служащие Ему и выступающие в качестве Его посланцев. Бог - Творец и Господин и этих созданий. Они выступают особенно ясно в моменты, когда откровение Божие достигает кульминационных пунктов: перед Авраамом и перед Моисеем, перед пророками и, наконец, при благовещении Марии, при Рождестве Иисуса, во время Его искушения в пустыне, во время Его страстей, при Его воскресении и при Его вознесении.

Образы Ангелов и представления о них зависят от эпохи. Но поэтому их нельзя относить в мир фантазии. Во время каждой святой мессы мы присоединяемся к их хвалебной песне. И мы отмечаем праздники Михаила, Гавриила, Рафаила и всех Ангелов Божиих. Мы призываем Ангелов для нашей защиты.

Ангела, который помогает нам,
мы называем
Ангел-хранитель.
Ангелы-хранители,
оберегают нас - тело и душу;
они молятся за нас и
призывают нас к добру.

Heiliger Schutzengel mein,
laß mich dir empfohlen sein,
in allen Nöten steh mir bei
und halte mich von Sünden frei.
An diesem Tag, ich bitte dich,
beschütze und bewahre mich.
Amen.

Er befiehlt seinen Engeln,
dich zu behüten
auf all' deinen Wegen.

Psalm 91,11

Святой Ангел-хранитель мой,
пусть я буду твой,
во всякой нужде меня защищай,
и от грехов меня удерживай.
В этот день прошу тебя,
охраняй и оберегай меня.
Аминь.

Ангелам Своим заповедает о тебе,
охранять тебя
на всех путях твоих.

Пс. 91:11

Die Bibel spricht aber auch *von bösen Mächten und Gewalten, vom Satan, vom Teufel.* Er ist von seiner ursprünglichen Herrlichkeit bei Gott herabgestürzt und zu einer bösen Macht geworden, die sich gegen Gott und alles Gute wendet.

Jesus Christus, der Sohn Gottes, ist dazu erschienen, um die Werke des Teufels zu zerstören (1 Joh 3,8). Er ist der Starke, der den Bösen besiegt, er hat ihn bei der Versuchung in der Wüste zurückgewiesen und sich durch sein Kreuz und seine Auferstehung als der Herr über alle bösen Mächte und Gewalten erwiesen.

Werft alle eure Sorgen auf ihn, denn er kümmert sich um euch. Seid nüchtern und wachsam! Euer Widersacher, der Teufel, geht wie ein brüllender Löwe umher und sucht, wen er verschlingen kann. Leistet ihm Widerstand in der Kraft des Glaubens!

1 Petr 5,7–9

Von guten Mächten wunderbar geborgen,
erwarten wir getrost, was kommen mag,
Gott ist mit uns am Abend und am Morgen
und ganz gewiß an jedem neuen Tag.

Aus dem Neujahrslied von Dietrich Bonhoeffer

Но в Библии говорится и *о злых началах и силах, о сатане, о дьяволе.* Он был низвергнут из своего прежнего величия у Бога и стал злой силой, которая обращается против Бога и всего доброго.

Иисус Христос, Сын Божий, явился для того, чтобы разрушить дела дьявола (1 Иоан. 3:8). Он Тот Сильный, Который победит лукавого, Он отверг его во время искушения в пустыне, и через Свой крест и через Свое воскресение доказал, что Он Господь над всеми злыми силами и началами.

Все заботы ваши возложите на Него, ибо Он печется о вас. Трезвитесь, бодрствуйте! потому что противник ваш диавол ходит, как рыкающий лев, ища кого поглотить. Противостойте ему твердою верою!

1 Петр. 5:7-9

Добрыми силами укрыты чудесно,
ждем мы, спокойно, все, что может быть,
Бог с нами в вечер и в утро
и, конечно, каждый новый день.

Из Новогодней песни Дитриха Бонхёфера

ICH GLAUBE AN JESUS CHRISTUS, UNSEREN HERRN

> Jesus Christus ist derselbe, gestern, heute und in Ewigkeit.

Hebr 13,8

Der irdische Jesus – der Sohn Gottes und der Sohn der Jungfrau Maria – lebte in der Zeit der römischen Kaiser Augustus und Tiberius. Heute lebt er als der auferstandene Herr und Erlöser in der Herrlichkeit seines Vaters. Er ist unser Anwalt bei Gott dem Vater.
Als Jesus zu Betlehem in Judäa geboren worden war und in Nazaret aufwuchs, gehörte seine Heimat zum römischen Weltreich. Die Menschen in Israel sehnten sich aber nach Freiheit von der römischen Unterdrückung. Sie sehnten sich nach einem großen Reich wie damals unter ihrem König David. Jesus aber verkündete das Reich Gottes, das zwar in der Welt, aber nicht von dieser Welt ist:

> Die Zeit ist erfüllt, das Reich Gottes ist nahe. Kehrt um und glaubt an das Evangelium!

Mk 1,15

Bis heute sind wir Menschen erlösungsbedürftig; alle brauchen Erlösung von Gottesferne und Selbstüberhebung. Bis heute ist uns das Reich Gottes nahe; immer kann es in unserem Herzen beginnen. Bis heute müssen wir dazu umkehren von verkehrten Wegen und uns hinwenden zu Christus, dem Licht der Welt; und das heißt auch zum Frieden, zur Gerechtigkeit und Liebe unter den Menschen. *Wenn wir gerettet werden wollen, müssen wir der Frohen Botschaft glauben und sie leben.*

Jesus sagt seinen Jüngern: folgt mir nach!
Wir sollen also mit ihm gehen, bei ihm bleiben und ihn nachahmen. Dazu müssen wir sehen und hören, wie Jesus mit Gott, seinem Vater, und seinen Mitmenschen umging, was er sagte und tat. Das ist aufgeschrieben im Neuen Testament und wird im Gottesdienst vorgelesen. Dadurch wird es gegenwärtig für uns, ein neues Heilsereignis.

ВЕРУЮ В ИИСУСА ХРИСТА, НАШЕГО ГОСПОДА

Иисус Христос вчера, сегодня и во веки Тот же.

Евр. 13:8

Земной Иисус - Сын Божий и Девы Марии - жил во времена римских императоров Августа и Тиберия. Сегодня Он живет, как воскресший Господь и Спаситель, в величии Своего Отца. Он наш заступник перед Богом Отцом.

Когда Иисус родился в Вифлееме, в Иудее, и рос в Назарете, его родина входила в состав мировой Римской империи. Народ Израиля жаждал освобождения от римского ига. Он мечтал о большом государстве, каким Израиль был когда-то при царе Давиде. А Иисус провозгласил наступление Царствия Божия, которое, правда, находится в этом мире, но само не от мира сего:

Исполнилось время и приблизилось Царствие Божие; покайтесь и веруйте в Евангелие!

Мр. 1:15

И до сего дня нам, людям, необходимо спасение; всем необходимо спасение от огненного суда Божия и от собственного высокомерия. И до сего дня Царствие Божие близко от нас, всегда может оно наступить в наших сердцах. И до сего дня необходимо нам для этого отвратиться от ложных путей и обратиться к Христу, к Светочу мира, а это также значит: к миру, справедливости и любви между людьми. *Если мы хотим быть спасенными, мы должны верить в благую весть и жить по ней.*

Иисус говорит Своим ученикам: «идите за Мною!»

Значит мы должны пойти с Ним, оставаться при Нем и подражать Ему. Для этого мы должны видеть и слышать, как Иисус обходился со Своим Отцом и с окружавшими Его людьми, что Он говорил и делал. Это записано в Новом Завете, и это читается во время богослужения. Тем самым это становится актуальным для нас, становится новым случаем спасения.

In jener Zeit sprach Jesus:

Ich preise dich, Vater, Herr des Himmels und der Erde, weil du all das den Weisen und Klugen verborgen, den Unmündigen aber offenbart hast. Ja, Vater, so hat es dir gefallen. Mir ist von meinem Vater alles übergeben worden; niemand kennt den Sohn, nur der Vater, und niemand kennt den Vater, nur der Sohn, und der, dem es der Sohn offenbaren will.

Kommt alle zu mir, die ihr euch plagt und schwere Lasten zu tragen habt. Ich werde euch Ruhe verschaffen. Nehmt mein Joch auf euch und lernt von mir; denn ich bin gütig und von Herzen demütig; so werdet ihr Ruhe finden für eure Seele. Denn mein Joch drückt nicht, und meine Last ist leicht.

Mt 11,25–30

Ewiges Wort, eingeborener Sohn Gottes, lehre mich die wahre Großmut. Lehre mich dir dienen, wie du es verdienst, geben, ohne zu zählen, kämpfen, ohne meiner Wunden zu achten, arbeiten, ohne Ruhe zu suchen, mich einsetzen, ohne einen andern Lohn zu erwarten als das Bewußtsein, deinen heiligen Willen erfüllt zu haben.

Nimm hin, o Herr, meine ganze Freiheit. Nimm an mein Gedächtnis, meinen Verstand, meinen ganzen Willen. Was ich habe und besitze, hast du mir geschenkt. Ich gebe es dir wieder ganz und gar zurück und überlasse alles dir, daß du es lenkst nach deinem Willen. Nur deine Liebe schenke mir mit deiner Gnade. Dann bin ich reich genug und suche nichts weiter.

Ignatius von Loyola

В те времена Иисус сказал:

Славлю Тебя, Отче, Господи неба и земли, что Ты утаил сие от мудрых и разумных и открыл то младенцам. Ей, Отче! ибо таково было Твое благоволение. Все предано Мне Отцом Моим, и никто не знает Сына, кроме Отца; и Отца не знает никто, кроме Сына, и кому Сын хочет открыть. Придите ко Мне, все труждающиеся и обремененные, и Я успокою вас. Возьмите иго Мое на себя, и научитесь от Меня: ибо Я кроток и смирен сердцем; и найдите покой душам вашим. Ибо иго Мое благо, и бремя Мое легко.

Мт.11:25-30

Верное Слово, Единородный Сын Божий, научи меня подлинному великодушию. Научи меня служить Тебе, как это достойно Тебя, давать, не считая, бороться, не обращая внимания на мои раны, работать, не думая об отдыхе, напрягать все свои силы, не помышляя о другой награде, кроме сознания, что я исполнил Твою волю. Возьми, о Господи, всю мою свободу, возьми мою память, мой ум, всю мою волю. Ты даровал мне все, что я имею и чем я владею. Я возвращаю Тебе это все и целиком назад и предоставляю все Тебе, чтобы Ты направлял все это по Твоей воле. Даруй мне только Твою любовь и Твою милость. Тогда я буду достаточно богат и не буду ничего больше искать.

Игнатий Лойола

– den Erwarteten; den Gekommenen; den Freund der Armen und der Sünder; den Gekreuzigten und Auferstandenen; den, der wiederkommt. Gerade darin erweist sich das Neue Testament als die Quelle unseres Glaubens.
Die folgenden Worte aus dem Neuen Testament sollten wir oft erwägen. So finden wir die Antwort auf die entscheidende Frage unseres Lebens: *Wer ist Jesus Christus; was bedeutet er für mich?*

Matthäus:

Die Aufgabe, die Josef, der Sohn Davids, übernehmen soll: Er nimmt Jesus als Sohn in die Nachkommenfolge Davids auf:

> Josef, Sohn Davids, fürchte dich nicht, Maria als deine Frau zu dir zu nehmen; denn das Kind, das sie erwartet, ist vom Heiligen Geist. Sie wird einen Sohn gebären. Ihm sollst du den Namen Jesus geben; denn er wird sein Volk von seinen Sünden erlösen.

Mt 1,20–21

Petrus bekennt von Jesus:

> Du bist der Messias, der Sohn des lebendigen Gottes!
> Jesus sagte zu ihm: Selig bist du, Simon Barjona; denn nicht Fleisch und Blut haben dir das offenbart, sondern mein Vater im Himmel.

Mt 16,16–17

Markus:

Mit dem Kommen Jesu ist die Zeit der Erwartung des Messias zu Ende. Jesus beginnt in Galiläa zu verkünden:

> Die Zeit ist erfüllt, das Reich Gottes ist nahe. Kehrt um und glaubt an das Evangelium.

Mk 1,14

Der heidnische Hauptmann unter dem Kreuz bekennt beim Tode Jesu:

> Wahrhaftig, dieser Mensch war Gottes Sohn!

Mk 15,39

НОВЫЙ ЗАВЕТ ВОЗВЕЩАЕТ ХРИСТА

– Жданного, пришедшего, Друга бедняков и грешников, распятого и воскресшего, Того, Который придет снова. Именно в этом проявляется Новый Завет, как источник нашей веры. Следующие слова Нового Завета должны мы часто обдумывать. Так мы найдем ответ на решающий вопрос нашей жизни. *Кто такой Иисус Христос? Что Он значит для меня?*

Евангелие от Матфея

Задача, которую должен принять на себя Иосиф, сын Давидов. Он принимает Иисуса как отпрыска рода Давида:

> Иосиф, сын Давидов! не бойся принять Марию, жену твою; ибо родившееся в Ней есть от Духа Святого. Родит же Сына, и наречешь Ему имя: Иисус; ибо Он спасет людей Своих от грехов их.

Мт. 1: 20, 21

Петр исповедал об Иисусе:

> Ты Христос, Сын Бога живого.
> Иисус сказал ему в ответ: блажен ты, Симон, сын Ионин; потому что не плоть и кровь открыли тебе это, но Отец Мой, сущий на небесах.

Мт. 16:16, 17

Евангелие от Марка

С пришествием Иисуса кончилось ожидание Мессии. Иисус начинает возвещать в Галилее:

> Исполнилось время и приблизилось Царствие Божие; покайтесь и веруйте в Евангелие.

Мк. 1:14

Сотник-язычник исповедует под крестом при смерти Иисуса:

> Истинно Человек Сей был Сын Божий.

Мк.15:39

Lukas:

Der Engel verkündet Maria die Sendung Jesu:

> Fürchte dich nicht, Maria, denn du hast bei Gott Gnade gefunden. Du wirst ein Kind empfangen, einen Sohn wirst zu gebären: dem sollst du den Namen Jesus geben. Er wird groß sein und Sohn des Höchsten genannt werden. Gott, der Herr, wird ihm den Thron seines Vaters David geben. Er wird über das Haus Jakob in Ewigkeit herrschen und seine Herrschaft wird kein Ende haben.

Lk 1,30–33

In der Synagoge von Nazaret erklärt Jesus, daß die Prophetenworte sich bei seinem Kommen erfüllt haben:

> Der Geist des Herrn ruht auf mir; denn er hat mich gesalbt. Er hat mich gesandt, damit ich den Armen eine gute Nachricht bringe, damit ich den Gefangenen die Entlassung verkünde und den Blinden das Augenlicht; damit ich die Zerschlagenen in Freiheit setze und ein Gnadenjahr des Herrn ausrufe. – Dann schloß er das Buch, gab es dem Synagogendiener und setzte sich. Die Augen aller in der Synagoge waren auf ihn gerichtet. Da begann er ihnen darzulegen: Heute hat sich das Schriftwort, das ihr eben gehört habt, erfüllt.

Lk 4,18–21

Die Frauen erfahren als erste die Auferstehungsbotschaft am leeren Grab.

> Die Männer sagten zu ihnen: Was sucht ihr den Lebenden bei den Toten? Er ist nicht hier, sondern er ist auferstanden. Erinnert euch an das, was er euch gesagt hat, als er noch in Galiläa war: Der Menschensohn muß den Sündern ausgeliefert und gekreuzigt werden und am dritten Tag auferstehen. Da erinnerten sie sich an seine Worte. Und sie kehrten vom Grab in die Stadt zurück und berichteten alles den elf und den anderen Jüngern.

Lk 24,5–9

Евангелие от Луки:

Ангел возвещает Марии призвание Иисуса:

> Не бойся, Мария; ибо Ты обрела благодать у Бога; и вот зачнешь во чреве, и вот родишь Сына, и наречешь Ему имя: Иисус. Он будет велик и наречется Сыном Всевышнего, и даст Ему Господь Бог престол Давида, Отца Его; и будет царствовать над домом Иакова во веки, и Царству Его не будет конца.

Лк. 1:30-33

В синагоге в Назарете Иисус объясняет, что в Нём исполнились слова пророка:

> Дух Господень на Мне; ибо Он помазал Меня благовествовать нищим, и послал Меня исцелять сокрушенных сердцем, проповедовать пленным освобождение, слепым прозрение, отпустить измученных на свободу, проповедовать лето Господне благоприятное. И, закрыв книгу, и отдав служителю, сел; и глаза всех в синагоге были устремлены на Него. Он начал говорить им: ныне исполнилось писание сие, слышанное вами.

Лк.4:18-21

У опустевшего гроба жёны мироносицы первыми узнают весть о воскресении:

> Два мужа... сказали им: что вы ищете живого между мертвыми? Его нет здесь: Он воскрес; вспомните, как Он говорил вам, когда был еще в Галилее, сказывая, что Сыну Человеческому надлежит быть предану в руки человеков грешников и быть распяту, и в третий день воскреснуть. И вспомнили они слова Его; и, возвратившись от гроба, возвестили все это одиннадцати и всем прочим.

Лк.24:5-9

Apostelgeschichte

Jesus verläßt die Seinen nicht – er bleibt bei ihnen durch seinen Geist. Und einmal wird er sichtbar wiederkommen:
Dieser Jesus, der von euch ging und in den Himmel aufgenommen wurde, wird ebenso wiederkommen, wie ihr ihn habt zum Himmel hingehen sehen.

Apg 1,11

Der Apostel Petrus verkündet:

Ihr wißt, was im ganzen Land der Juden geschehen ist, angefangen in Galiläa nach der Taufe, die Johannes verkündet hat: Wie Gott Jesus von Nazaret gesalbt hat mit dem Heiligen Geist und mit Kraft, wie dieser umherzog, Gutes tat und alle heilte, die in der Gewalt des Teufels waren; denn Gott war mit ihm. Und wir sind Zeugen für alles, was er im Land der Juden und in Jerusalem getan hat.

Apg 10,37–38

Johannes:

Das Eingangslied des Johannes-Evangeliums (der „Prolog") nennt Jesus das menschgewordene Wort Gottes:

Das wahre Licht, das jeden Menschen erleuchtet, kam in die Welt.
Er war in der Welt, und die Welt ist durch ihn geworden, aber die Welt erkannte ihn nicht.
Er kam in sein Eigentum, aber die Seinen nahmen ihn nicht auf.
Allen aber, die ihn aufnahmen, gab er Macht, Kinder Gottes zu werden.
Alle, die an seinen Namen glauben,
die nicht aus dem Blut, nicht aus dem Willen des Fleisches, nicht aus dem Willen des Mannes, sondern aus Gott geboren sind. Und das Wort ist Fleisch geworden und hat unter uns gewohnt, und wir haben seine Herrlichkeit gesehen,
die Herrlichkeit des einzigen Sohnes vom Vater,
voll Gnade und Wahrheit.

Joh 1,9–14

Деяния святых Апостолов:

Иисус не покидает Своих - Он остается с ними через Своего Духа. И однажды Он зримо вернется назад:
Сей Иисус, вознесшийся от вас на небо, придет таким же образом, как вы видели Его восходящим на небо.

Деян. 1:11

Апостол Петр возвещает:

Вы знаете происходившее по всей Иудее, начиная от Галилеи, после крещения, проповеданного Иоанном: как Бог Духом Святым и силою помазал Иисуса из Назарета, и Он ходил, благотворя и исцеляя всех, обладаемых диаволом; потому что Бог был с Ним. И вы свидетели всего, что сделал Он в стране Иудейской и в Иерусалиме.

Деян. 10:37-38

Евангелие от Иоанна:

В вводной песне Евангелия от Иоанна («Прологе») Иисус назван воплотившимся в человека Словом Божиим:

Был Свет истинный, Который просвещает всякого человека, приходящего в мир. В мире был и мир чрез Него начал быть, и мир Его не познал.
Пришел к своим, и свои Его не приняли.
А тем, которые Его приняли, верующим во имя Его, дал власть быть чадами Божиими,
которые ни от крови, ни от хотения плоти, ни от хотения мужа, но от Бога родились. И Слово стало плотию и обитало с нами, и мы видели славу Его,
славу, как Единородного от Отца,
полное благодати и истины.

Ин. 1:9-14

Die „Ich-bin"-Worte Jesu laden ein zur Besinnung darauf, was Jesus für mich, für uns, für die Welt ist:
Jesus sagt: Wer von dem *Wasser* trinkt, das ich ihm geben werde, wird niemals mehr Durst haben; vielmehr wird das Wasser, das ich ihm geben werde, in ihm zur sprudelnden Quelle werden, deren Wasser ewiges Leben schenkt. Joh 4,10–14

Ich bin das *Brot* des Lebens, wer zu mir kommt, wir nie mehr hungern, und wer an mich glaubt, wird nie mehr Durst haben. Ich bin das lebendige Brot, das vom Himmel herabgekommen ist. Wer von diesem Brot ißt, wird ewig leben. Das Brot, das ich geben werde, ist mein Fleisch für das Leben der Welt. Joh 6,35.51

Ich bin das *Licht* der Welt. Wer mir nachfolgt, wird nicht in der Finsternis umhergehen, sondern wird das Licht des Lebens haben. Joh 8,12

Ich bin die *Tür;* wer durch mich hineingeht, wird gerettet werden; er wird ein- und ausgehen und Weide finden. Joh 10,9

Ich bin der gute *Hirt.* Der gute Hirt gibt sein Leben hin für seine Schafe. Ich bin der gute Hirt; ich kenne die Meinen und die Meinen kennen mich, wie mich der Vater kennt und ich den Vater kenne; und ich gebe mein Leben hin für die Schafe. Joh 10,11.14

Ich bin die *Auferstehung* und das Leben. Wer an mich glaubt, wird leben, auch wenn er stirbt, und jeder, der lebt und an mich glaubt, wird nicht sterben in Ewigkeit. Joh 11,25

Ich bin der *Weg* und die Wahrheit und das Leben; niemand kommt zum Vater außer durch mich. Joh 14,6

Ich bin der wahre *Weinstock* und mein Vater ist der Winzer. Ich bin der Weinstock, ihr seid die Reben. Wer in mir bleibt und in wem ich bleibe, der bringt reiche Frucht; denn getrennt von mir könnt ihr nichts vollbringen.

Joh 15,1.5

Слова Иисуса «Я есмь» приглашают нас поразмыслить над тем, Кем является Иисус для меня, для нас, для мира:

Иисус говорит: кто от той воды испьет, которую Я ему дам пить, никогда больше не будет испытывать жажды; более того, вода, которую Я дам ему, сделается в нем источником воды, текущей в жизнь вечную.

Ин. 4:10-14

Я есмь *хлеб* жизни; приходящий ко Мне не будет алкать, и верующий в Меня, не будет жаждать никогда. Я хлеб живый, сшедший с небес; ядущий хлеб сей будет жить вовек; хлеб же, который Я дам, есть Плоть Моя, которую Я отдам за жизнь мира.

Ин. 6:35, 51

Я *свет* миру; кто последует за Мною, тот не будет ходить во тьме, но будет иметь свет жизни.

Ин. 8:12

Я есмь *дверь*: кто войдет Мною, тот спасется; и войдет и выйдет, и пажить найдет.

Ин. 10:9

Я есмь *пастырь* добрый: пастырь добрый полагает жизнь свою за овец. Я есмь пастырь добрый; и знаю Моих, и Мои знают Меня. Как Отец знает Меня, так и Я знаю Отца; и жизнь Мою полагаю за овец.

Ин. 10:11, 14

Я есмь *воскресение* и жизнь; верующий в Меня, если и умрет, оживет. И всякий, живущий и верующий в Меня, не умрет вовек.

Ин. 11:25, 26

Я есмь *путь* и истина и жизнь; никто не приходит к Отцу, как только через Меня.

Ин. 14:6

Я есмь истинная виноградная лоза, а Отец Мой - виноградарь. Я есмь лоза, а вы ветви; кто пребывает во Мне, и Я в нем, тот приносит много плода; ибо без Меня не можете делать ничего.

Ин. 15:1-6

GEBOREN VON DER JUNGFRAU MARIA

„Und das Wort ist Fleisch geworden und hat unter uns gewohnt." So umschreibt der Evangelist Johannes das Geheimnis der Menschwerdung Gottes in Jesus Christus: Der „Sohn Gottes", das „Wort" des Vaters wird „Fleisch", d. h. ein Mensch mit Leib und Seele wie wir. Gott neigt sich in ihm nicht nur zum Menschen, er steigt herab und wird einer von uns: der Gottmensch Jesus Christus.

Dieses Geheimnis der Menschwerdung Gottes bekennen wir:

Er ist *„empfangen vom Heiligen Geist, geboren von der Jungfrau Maria"*.

Maria, die einzig erwählte Mutter des Erlösers, durfte im Namen der ganzen Menschheit auf die Botschaft des Engels ihr Ja-Wort sagen: „Siehe, ich bin die Magd des Herrn, mir geschehe nach deinem Wort."

Darum ist sie die *„Mutter des Glaubens"*, die *„Mutter der Kirche"*.

Herr, laß auch meinen Glauben ein solches Ja-Wort sein.

Wir verehren Maria als die Jungfrau „voll der Gnade". Wir gedenken ihrer an ihren Festen im Kirchenjahr, im Rosenkranz und in vielen Gebeten. Wir lieben sie als die Mutter unseres Herrn.

Nach dem Beispiel des Engels grüßen wir die Gottesmutter mit dem *„Ave Maria"* und dem *„Engel des Herrn":*

Gegrüßet seist du, Maria,
voll der Gnade,
der Herr ist mit dir.
Du bist gebenedeit unter den Frauen,
und gebenedeit ist die Frucht deines Leibes,
Jesus.
Heilige Maria, Mutter Gottes,
bitte für uns Sünder,
jetzt und in der Stunde unseres Todes.
Amen.

Der „Angelus"

(„Engel des Herrn")

Der Engel des Herrn brachte Maria die Botschaft,
und sie empfing vom Heiligen Geist.
Gegrüßet seist du, Maria, . . .

Maria sprach: Siehe, ich bin die Magd des Herrn;
mir geschehe nach deinem Wort.
Gegrüßet seist du, Maria, . . .

КОТОРЫЙ РОЖДЕН ОТ ДЕВЫ МАРИИ

«И Слово стало плотию и обитало с нами». Так описал евангелист Иоанн, как Бог стал человеком в Иисусе Христе: »Сын Божий«, «Слово» Отца и «плоть», то есть человек во плоти и крови, как мы. В Нем Бог не только склоняется к человеку, Он нисходит и становится одним из нас: Богочеловек Иисус Христос.

Это таинство - как Бог стал Человеком - мы исповедуем:
Он *«зачат от Святого Духа, рожден от Девы Марии»*. Мария, уникально избранная Матерь Искупителя, могла от имени всего человечества ответить на весть Ангела словом «да»: «се, Раба Господня; да будет Мне по слову твоему».
Поэтому она «Матерь веры», «Матерь Церкви».

Господи, позволь и моей вере стать таким «да».

Мы почитаем Марию «Благодатную». Мы чтим Её во время Её праздников в церковном году, в молитве Розенкранц и во многих молитвах. Мы любим Ее как Матерь нашего Господа.
Мы берем пример с Ангела и приветствуем Богоматерь молитвами *«Аве Мария»* и *«Ангел Господень»*:

Радуйся, Мария,
Благодатная,
Господь с Тобою.
Благословенна Ты между женами
и благословен плод в чреве Твоем, Иисус.
Пресвятая Мария, Матерь Божия,
заступись за нас, грешных,
сейчас и в час нашей смерти.
Аминь.

«Ангелус»

(«Ангел Господень»)

Ангел Господень принес Марии весть,
и Она зачала от Святого Духа.
Радуйся, Мария,...
Мария сказала: Се, Раба Господня;
да будет Мне по Слову твоему.
Радуйся, Мария,...

Und das Wort ist Fleisch geworden
und hat unter uns gewohnt.
Gegrüßet seist du, Maria, . . .

Bitte für uns, heilige Gottesmutter,
daß wir würdig werden
der Verheißungen Christi.

Allmächtiger Gott,
gieße deine Gnade in unsere Herzen ein.
Durch die Botschaft des Engels haben wir die
Menschwerdung Christi, deines Sohnes, erkannt.
Laß uns durch sein Leiden und Kreuz zur Herrlichkeit
der Auferstehung gelangen.
Darum bitten wir
durch Christus, unsern Herrn.
Amen.

И Слово стало плотью
и обитало с нами.
Радуйся, Мария, ...

Заступись за нас, пресвятая Богородица,
чтобы нам стать достойными
обета Христова.

Всемогущий Боже,
излей Свою благодать в наши сердца.
Через весть Ангела узнали мы весть,
о воплощении Христа, Твоего Сына.
Позволь нам обрести
через Его страдания и смерть величие
воскресения.
Об этом молим мы
через Христа, Господа нашего.
Аминь.

JESUS, DER HERR, IST DER DIENER ALLER

Das ist sein Gebot: daß wir einander lieben. Wie Jesus seine Sendung verstand und warum er unter den Menschen einer war, der diente, das zeigte er in der Stunde des irdischen Abschieds von seinen Jüngern. Der Evangelist Johannes schreibt:

> Es war vor dem Paschafest. Jesus wußte, daß seine Stunde gekommen war, um aus dieser Welt zum Vater hinüberzugehen. Da er die Seinen, die in der Welt waren, liebte, erwies er ihnen seine Liebe bis zur Vollendung. Es fand ein Mahl statt, und der Teufel hatte Judas, dem Sohn des Simon Iskariot, schon ins Herz gegeben, ihn zu verraten und auszuliefern. Jesus, der wußte, daß ihm der Vater alles in die Hand gegeben hatte und daß er von Gott gekommen war und zu Gott zurückkehrte, stand vom Mahl auf, legte sein Gewand ab und umgürtete sich mit einem Leinentuch. Dann goß er Wasser in eine Schüssel und begann, den Jüngern die Füße zu waschen und mit dem Leinentuch abzutrocknen, mit dem er umgürtet war. Als er zu Simon Petrus kam, sagte dieser zu ihm: Du, Herr, willst mir die Füße waschen? Jesus antwortete ihm: Was ich tue, verstehst du jetzt noch nicht; doch später wirst du es begreifen. Petrus entgegnete ihm: Niemals sollst du mir die Füße waschen! Jesus erwiderte ihm: Wenn ich dich nicht wasche, hast du keinen Anteil an mir. Da sagte Simon Petrus zu ihm: Herr, dann nicht nur meine Füße, sondern auch die Hände und das Haupt.
>
> Als er ihnen die Füße gewaschen, sein Gewand wieder angelegt und Platz genommen hatte, sagte er zu ihnen: Begreift ihr, was ich an euch getan habe? Ihr sagt zu mir Meister und Herr, und ihr nennt mich mit Recht so; denn ich bin es. Wenn nun ich, der Herr und Meister, euch die Füße gewaschen habe, dann müßt auch ihr einander die Füße waschen. Ich habe euch ein Beispiel gegeben, damit auch ihr so handelt, wie ich an euch gehandelt habe.
>
> Amen, amen, ich sage euch: Der Sklave ist nicht größer als sein Herr, und der Abgesandte ist nicht größer als der, der ihn gesandt hat. Selig seid ihr, wenn ihr das wißt und danach handelt.

Joh 13,1–16

Was ist der Auftrag Jesu Christi für mein Leben?

ГОСПОДЬ ИИСУС - СЛУГА ВСЕХ

Вот Его завет: чтобы мы любили друг друга. Как Иисус понял Свое призвание и миссию, и почему Он был Один среди людей, Который служил людям - это Он показал в час прощания со Своими земными учениками. Евангелист Иоанн пишет:

Перед праздником Пасхи Иисус, зная, что пришел час Его перейти от мира сего к Отцу, явил делом, что, возлюбив Своих сущих в мире, до конца возлюбил их. И во время вечери, когда диавол уже вложил в сердце Иуде Симонову Искариоту предать Его, Иисус, зная, что Отец все отдал в руки Его, и что Он от Бога исшел и к Богу отходит, встал с вечери, снял с Себя верхнюю одежду, и взяв полотенце, препоясался. Потом влил воды в умывальницу и начал умывать ноги ученикам и отирать полотенцем, которым был перепоясан. Подходит к Симону Петру; и тот говорит Ему: Господи! Тебе ли умывать мои ноги? Иисус сказал: ему в ответ: что Я делаю, теперь ты не знаешь, а уразумеешь после. Петр говорит Ему: не умоешь ног моих вовек. Иисус отвечал ему: если не умою тебя, не имеешь части со Мною. Симон Петр говорит Ему: Господи! не только ноги мои, но и руки и голову.
Когда же умыл им ноги и надел одежду Свою, то, возлегши опять, сказал им: знаете ли, что Я сделал вам? Вы называете Меня Учителем и Господом, и правильно говорите, ибо Я точно то. Итак, если Я, Господь и Учитель, умыл ноги вам, то и вы должны умывать ноги друг другу. Ибо Я дал вам пример, чтобы и вы делали то же, что Я сделал вам.
Истинно, истинно говорю вам: раб не больше господина своего, и посланник не больше пославшего его. Если вы это знаете, то блаженны вы, когда исполняете.

Ин.13:1-16

Каково задание Иисуса Христа в моей жизни?

GELITTEN UNTER PONTIUS PILATUS, GEKREUZIGT UND BEGRABEN

Wie ein Verbrecher ist Jesus gekreuzigt worden. Die Kreuzigung war die schlimmste Todesart, zu der die Römer einen Menschen verurteilten. Entehrt und unter schrecklichen Schmerzen starb Jesus am Kreuz.
Die Kreuzigung Jesu – wie war sie möglich? Und was soll sie bedeuten? Von seinem Volk, den Juden, ist Jesus damals nicht als Messias und Sohn Gottes erkannt worden. So lieferte ihn der Hohe Rat als Unruhestifter und Gotteslästerer an den römischen Statthalter aus. Pontius Pilatus ließ ihn geißeln und töten – er wollte als „Freund des Kaisers" gelten und jede Unruhe vermeiden. Jesus aber war unschuldig. Er starb als das „Lamm Gottes", als Opfer für die Sünden der Welt. Das ist ein großes Glaubensgeheimnis.
„Für uns Menschen und zu unserem Heil" ist er gekommen, hat unter uns gelebt und ist gestorben. Er ist unser Erlöser von Sünde und Tod.

Wir sind in der Taufe mit ihm begraben und auferstanden. Deshalb leben wir in der Hoffnung, nicht im Tod zu bleiben, sondern Anteil zu gewinnen an seinem ewigen Leben.
Im Glaubensbekenntnis wird von Jesus gesagt: er ist *„hinabgestiegen in das Reich des Todes"*, in die „Unterwelt" der Toten. Damit bekennen wir Christen, daß er in seinem Leiden und Sterben der Erlöser aller geworden ist – aller, die vor ihm, die mit ihm und die nach ihm gelebt haben und leben.

Auf den Osterbildern der Ostkirche wird gern dargestellt, wie Christus die Pforten des Totenreiches mit seinem heiligen Kreuz überwunden hat und die Stammeltern der Menschheit, Adam und Eva, und alle Gerechten des Alten Bundes in die Freiheit führt.

ПОСТРАДАЛ ПРИ ПОНТИИ ПИЛАТЕ, БЫЛ РАСПЯТ, УМЕР И ПОГРЕБЕН

Иисус был распят как преступник. Распятие было самой страшной смертью, к которой римляне приговаривали человека. Бесславно и в ужасных страданиях умер Иисус на кресте.

Распятие Иисуса - как могло оно случиться? И что оно должно значить?

Его народ, иудеи, не узнали тогда в Иисусе Мессию и Сына Божия. Поэтому их высший совет - синедрион - выдал Его римскому прокуратору, как возмутителя спокойствия и богохульника. Понтий Пилат приказал заключить Его в темницу и убить: он хотел, чтобы его считали «другом императора» и хотел избежать всяческих волнений. Но Иисус был невинен. Он умер как «Агнец Божий», как жертва за грехи мира. Это великое исповедание веры.

«Ради нас и ради нашего спасения» пришел Он, жил среди нас и умер. Он наш Спаситель от греха и смерти.

В крещении мы были погребены с Ним и воскресли. Поэтому мы живем в надежде, что мы живем не в смерти, а причастимся Его вечной жизни.

В символе веры об Иисусе сказано: Он «сошел в ад», в «преисподнюю», в царство мертвых. Тем самым мы, христиане, исповедуем, что Он в Своем страдании и в Своей смерти стал Спасителем всех - всех, кто живет и жил до Него, с Ним и после Него.

На пасхальных иконах Православной Церкви часто изображено, как Христос Своим святым крестом преодолел врата царства мертвых и ведет на свободу прародителей человечества Адама и Еву, и всех ветхозаветных праведников.

An das Leiden und Sterben Jesu Christi erinnert uns jeder Freitag, besonders der Freitag in der Karwoche, der Karfreitag. Wir beten unter dem Kreuz des Herrn für alle Menschen.

Ich danke dir, Herr Jesus Christ,
daß du für uns gestorben bist.
O laß dein Blut und deine Pein
an uns doch nicht verloren sein.

Das Kreuz ist das heiligste Zeichen: das Zeichen Christi und der Christen. Wenn wir uns mit ihm bezeichnen – von der Stirn zur Brust, und von der linken Schulter zur rechten –, dann rufen wir Gottes Hilfe auf uns herab. Herr, du bist bei mir, und ich will bei dir sein!
Wir segnen uns mit dem Zeichen des Kreuzes, spenden mit ihm die Sakramente, verehren das Kreuz in unseren Häusern und in der Öffentlichkeit. Wir stellen es auf die Gräber in der Hoffnung auf die endgültige Erlösung.

О страданиях и смерти Иисуса Христа напоминает нам каждая пятница, в особенности пятница в Страстную неделю, Страстная пятница. Мы молимся под распятием Господа за всех людей.

Спасибо Тебе, Господи Иисус Христос,
что Ты умер за нас.
О, пусть Твои муки и кровь
не пропадут втуне для нас.

Крест - самый священный знак: символ Христа и христиан. Когда мы кладем на себя знамение креста - от чела к груди и от левого плеча к правому - мы призываем на себя помощь Божию. Господи, Ты со мной, и я хочу быть с Тобой!
Мы осеняем себя знамением креста, даем с ним таинства, почитаем крест/распятие в своем доме и в общественных местах. Мы ставим его на могилах в ожидании окончательного спасения.

AUFERSTANDEN VON DEN TOTEN

Wie war es möglich, daß die Botschaft von Jesus nicht unterging?

Die Hoffnung der Feinde Jesu erfüllte sich nicht. Mit seinem Tod am Kreuz war nicht endgültig Schluß mit seinem Leben und seiner Botschaft. Wir dürfen durchaus annehmen, daß wir von Jesus heute kaum mehr als seinen Namen wüßten, vielleicht nicht einmal dies; es gäbe kein Evangelium und keine Kirche, wenn er nicht auferstanden wäre.

Erst mit seiner Auferstehung hat er den Glauben seiner Jünger wieder aufgerichtet; er hat sie mit einer unerhörten Botschaft in die Welt hinausgesandt: Gott hat seinen Sohn endgültig bestätigt, indem er den Gekreuzigten nicht im Tod ließ, sondern auferweckte. Seine Botschaft ist Gottes Wort; sein Leben und Sterben war unsere Erlösung; seine Auferstehung ist unsere Hoffnung auf ewiges Leben!

Dieser unerhörte Vorgang wird in der Bibel oft *Auferweckung* genannt – denn er ist ein Werk Gottes des Vaters; er wird ebenso *Auferstehung* genannt – denn er ist die Verherrlichung des Sohnes, sein eigenes Werk kraft seiner Gottheit.

Gott hat sich erwiesen als „der Gott, der die Toten erweckt". Jesus hat sich erwiesen als „die Auferstehung und das Leben". Das Neue Testament selber beschreibt mehrfach, wie unglaublich dieses Faktum zunächst den Jüngern selbst erschien. Sie glaubten nicht wegen des leeren Grabes, auch nicht wegen der Botschaft der Frauen, die als erste bezeugten: Er lebt.

Thomas glaubte selbst seinen Freunden die Botschaft nicht – erst mußte er selber dem Auferstandenen begegnen.

Dieses Widerfahrnis der Jünger bezeugt das Neue Testament vielfach; als erster Paulus in seiner Aufzählung im ersten Korintherbrief Kapitel 15,3–10:

> Denn vor allem habe ich euch überliefert,
> was auch ich empfangen habe:
> Christus ist für unsere Sünden gestorben,
> gemäß der Schrift,
> und ist begraben worden.
> Er ist am dritten Tag auferweckt worden,
> gemäß der Schrift,
> und erschien dem Kephas, dann den Zwölf.

Danach erschien er mehr als fünfhundert Brüdern zugleich; die meisten von ihnen sind noch am Leben, einige sind entschlafen. Danach erschien er dem Jakobus, dann allen Aposteln. Als letztem von allen erschien er auch mir, dem Unerwarteten, der „Mißgeburt". Denn ich bin der geringste von den Aposteln; ich bin nicht wert, Apostel genannt zu werden, weil ich die Kirche Gottes verfolgt habe. Doch durch Gottes Gnade bin ich, was ich bin, und sein gnädiges Handeln an mir ist nicht ohne Wirkung geblieben.

ВОСКРЕС ИЗ МЕРТВЫХ

Почему весть Иисуса не была забыта?

Надежда врагов Иисуса не сбылась. С Его смертью на кресте не был положен конец Его жизни и Его вести. Мы можем считать, что мы навряд ли знали бы об Иисусе больше, чем Его имя, может быть даже и этого не знали бы, если бы Он не воскрес из мертвых; не было бы ни Евангелия, ни Церкви.

Лишь Своим воскресением Он снова оживил веру в Своих учениках; Он послал их в мир с неслыханной вестью: Бог окончательно утвердил Своего Сына, потому что Он не дал умереть Распятому, а воскресил Его. Его весть - Слово Божие; Его жизнь и Его смерть - это наше спасение; Его воскресение - наша надежда на вечную жизнь!

Это неслыханное событие в Библии часто называют *пробуждением,* потому что это деяние Бога Отца; его также называют *воскресением,* потому что оно посвящено возвеличению Сына: Его деяние, по Его Божественности.

Бог явил Себя «Богом, Который воскрешает мертвых». Иисус явил Себя как «воскресение и жизнь». В самом Новом Завете неоднократно описано, насколько невероятным этот факт показался сперва самим ученикам. Они поверили не потому, что гроб оказался пустым, и не по вести, принесенной женами мироносицами, которые первыми свидетельствовали: Он живет. Фома не поверил этой вести даже тогда, когда ему её поведали его друзья - сперва он хотел сам увидеть Воскресшего.

Это происшествие с учениками неоднократно засвидетельствовано в Новом Завете; первым это сделал Ап. Павел в своем перечислении в 1 Кор. 15: 3-10:

> Ибо я первоначально преподал вам,
> что я сам принял,
> то есть, что Христос умер за грехи наши
> по Писанию,
> и что Он погребен был,
> и что воскрес в третий день,
> по Писанию,
> и что явился Кифе, потом Двенадцати.

Потом Он явился одновременно более нежели пятистам братий в одно время, из которых большая часть и доныне в живых, а некоторые и почили. Потом явился Иакову, также всем Апосто-

Wenn schon den Jüngern damals die Botschaft so unglaublich war, daß ihre Skepsis nur vom Auferstandenen selbst – durch seine Selbstoffenbarung – überwunden werden konnte, wie viel mehr den unbeteiligten Zeitgenossen und den später Geborenen. So geht nicht nur der Glaube, sondern auch die Leugnung der Auferstehung Christi durch die Geschichte. Denn wenn sie nicht erfahren, erkannt und geglaubt wird als das Werk Gottes – was könnte sie anderes sein als Betrug oder Täuschung oder eine Illusion?

Aber die Jünger waren nicht imstande, nach dem Schock der Kreuzigung Jesu seinen Leichnahm zu stehlen und dann zu behaupten, er lebe, und darauf eine Frohe Botschaft aufzubauen – wie Matthäus diese „Betrugshypothese" schildert.

Auch war der Gekreuzigte nicht bloß ein Scheintoter gewesen, der später wieder auftrat – wie denn? Als ein Auferstandener und nicht als Schwerverletzter mit den furchtbaren Wunden der Kreuzigung? Solche Ausreden vor einem unglaublichen Faktum wirken eher peinlich. Jesus hatte „seine Sache" so sehr an seine Person gebunden, daß „seine Sache nicht weitergehen konnte", wenn er nicht mehr existierte.

Die Auferstehung des Herrn ist darum nicht nur eine bildliche Rede dafür, daß die Sache Jesu weiterging – denn sie wäre nicht weitergegangen, wenn nicht das Faktum der Auferstehung alles geändert und gewendet hätte. Wir können nicht beschreiben, wie dieses Faktum vor sich ging und wie der Leib des Auferstandenen beschaffen ist – wir wissen nur: er ist nicht mehr sterblich, nicht mehr hinfällig und vergänglich, sondern unsterblich, stark und herrlich, überirdisch und verklärt (vgl. 1 Kor 15,42–45).

Auferstehung Jesu heißt nicht: Rückkehr in dieses Leben, sondern neues unsterbliches Leben. Das ist es, was auch uns als vollendete Erlösung verheißen ist.

Weil Gott mit Jesus war in seinem Tod und seiner Auferstehung, weil Jesus Gottes Sohn ist, weil Gottes Liebe stärker ist als der Tod und weil er in seinem Geist immer bei uns bleibt, darum geht die Botschaft Jesu und von Jesus nicht unter.

лам. А после всех явился и мне, как некоему «извергу». Ибо я наименьший из Апостолов, и недостоин называться Апостолом, потому что гнал церковь Божию. Но благодатию Божиею есмь то, что есмь; и благодать Его во мне не была тщетна.
Если уже тогда даже ученикам эта весть показалась невероятной, настолько, что их скептическое отношение смог преодолеть лишь Сам Воскресший - Своим откровением -, то насколько более невероятной она должна была показаться непричастным к этому другим современникам и тем, кто родился позже. Поэтому через всю историю проходит не только вера, но и отрицание воскресения Христа. Потому что, если люди не переживут, не познают историю и не поверят в неё, как в деяние Бога - то чем его можно еще считать, кроме как обманом, заблуждением или иллюзией?
Но ученики были не в состоянии - после шока, произведенного распятием Иисуса - украсть Его Тело, с тем, чтобы потом утверждать, что Он живет, и создать на этом благую весть, как описывает эту «гипотезу обмана» евангелист Матфей.
А может быть Распятый лишь казался мертвым, который позже стал снова выступать - как тогда? Как Воскресший, а не как тяжело раненный, со страшными ранами, причиненными распятием. Такие отговорки перед лицом невероятного факта производят лишь неприятное впечатление. Иисус так сильно связал Свое «дело» со Своей Личностью, что «Его дело не могло бы пойти дальше», если бы Он больше не существовал.
Поэтому воскресение Господне - это не только образная формулировка в пользу того, что дело Христово развивалось далее, потому что оно не пошло бы дальше, если бы сам факт воскресения не изменил и не перевернул все. Мы не можем описать, как это свершилось и каково Тело Воскресшего - мы лишь знаем: Оно было не смертным, тленным и бренным, а Оно бессмертно, сильно и величественно, сверхъестественно и просветленно (ср. 1 Кор. 15:42-45).
Воскресение Иисуса значит не возвращение в эту жизнь, а новую, бессмертную жизнь. Это обетованно нам, как исполненное спасение.
Потому что Бог был с Иисусом в Его смерти и в Его воскресении, потому что Иисус Сын Божий, потому что любовь Божия сильнее смерти, и потому что Он в Своем Духе постоянно пребывает с нами - поэтому весть Иисуса и весть об Иисусе не преходит.

ER WIRD WIEDERKOMMEN IN HERRLICHKEIT

An Jesus Christus entscheidet sich das Heil jedes Menschen – ob er das Ziel seines Lebens erreicht. Die Urkirche rief „Marana tha“, Komm, o Herr. Die ersten Christen hofften, die Vollendung des Reiches Gottes durch die Wiederkunft des Herrn noch selber zu erleben. Aber seine Wiederkunft verzögerte sich, niemand weiß, wann er wiederkommt. Die Christen erkannten, daß sie dem lebendigen und kommenden Herrn bereits im Augenblick ihres eigenen Todes begegnen würden und daß der Herr schon zu diesem Zeitpunkt über Gut und Böse in ihrem Leben befinden wird. – Im Licht seines untrüglichen Blickes erkennen sie selbst, wie es um sie steht.
Dennoch – unser Heil vollendet sich nicht für uns als einzelne. Wir erreichen das Ziel nur gemeinsam mit der Gesamtheit aller Menschen – dann, wenn einmal alle menschliche Geschichte zu Ende sein wird und alle geschichtlichen Mächte, alle Verwicklungen, Verflechtungen und Tragödien im Lichte Gottes in ihrem Für und Wider, ihrem Gut und Böse erkannt und beurteilt werden – und wir mit ihnen. Das wird geschehen, wenn Christus aus der Verborgenheit heraustritt in seiner Herrlichkeit als Herr und Richter der Welt. Er wird – sagt der Glaube der Christen – kommen *„zu richten die Lebenden und die Toten“.*
Weil wir auf die Vollendung der Welt und unseres Lebens zugehen, darum dürfen wir nicht im Guten erlahmen. Wachsam im Glauben und bereit für das Gute – dann mag der Herr zu jeder Zeit kommen.

Wir wissen: Zu mir kam er, als ich gläubig wurde; ich bin getauft. *Zu mir kommt er* – in seinem Wort und besonders in der heiligen Eucharistie.
Zu mir wird er kommen im Augenblick meines Todes und am Ende aller Tage.

Ich lege mein Leben in Gottes Hände
und Gottes Hände sind gute Hände.

Kardinal Joseph Höffner

ОН ПРИДЕТ СНОВА В СЛАВЕ

В Иисусе Христе решается спасение каждого человека - достигнет ли он цели своей жизни. «Маран-афа», Господь близко, или Господи, гряди - это был зов ранней Церкви. Первые христиане надеялись, что смогут сами пережить исполнение Царствия Божия через второе пришествие Господа. Но Его возвращение задержалось, никто не знает, когда Он придет снова. Христиане познали, что они встретят живого и грядущего Господа уже в самый момент своей смерти и что Господь уже в тот момент вынесет решение о добрых и злых делах в их жизни. В свете Его верного взгляда они сами узнают, как обстоят их дела.

И тем не менее - наше спасение свершается не только для каждого из нас в отдельности. Мы достигаем цели лишь совместно, со всем человечеством - тогда, когда завершится вся человеческая история и когда все исторические силы, все сплетения, переплетения и трагедии будут узнаны и оценены в Божьем свете: все их за и против, все добро и все зло - и мы с ними. Это свершится тогда, когда Христос выступит из Своей укромности в Своей славе, как Господь и Судия мира. Он придет - так гласит вера христиан - *«судить живых и мертвых».* Мы движемся к завершению мира и нашей жизни, поэтому мы не должны уставать делать хорошее. Бдительность в вере и готовность делать добро - тогда Господь может прийти в любое время.

Мы знаем:

ко мне Он пришел, когда я уверовал; я крещен.

Ко мне Он приходит - в Своем Слове и, в особенности, в святом причастии.

Ко мне Он придет в момент моей смерти и по скончании всех дней.

Я вручаю мою жизнь в Божьи руки,
и руки Божии - хорошие руки.

Кардинал Йозеф Хёффнер

ICH GLAUBE AN DEN HEILIGEN GEIST

Die Liebe zwischen Gott dem Vater und seinem Sohn, der in Jesus Christus Mensch geworden ist, diese Liebe ist nicht etwas, sondern jemand: der Heilige Geist. Er verbindet den Vater und den Sohn; ihm schreiben wir zu, daß er auch Gott und die Menschen verbindet. Die Liebe Gottes ist „ausgegossen in unseren Herzen durch den Heiligen Geist". Er ist das Schönste, das Heiligste und Beste, was uns beleben und beseelen kann.

Aber der Geist Gottes ist unsichtbar und ungreifbar. Er wirkt im Menschen nicht mit Gewalt, sondern in der Sanftheit und Freude seiner Gegenwart. Er ist für viele Menschen der „unbekannte Gott" – wohl auch deswegen, weil er der verborgen immer gegenwärtige Gott unseres Lebens ist.

Der Geist Gottes schwebte bei der Weltschöpfung über den Wassern und ordnete das Chaos. Im Alten Bund hat er gesprochen durch die Propheten. Auf Jesus kam er herab bei der Taufe im Jordan und ruhte bleibend auf ihm. Auf die Kirche kam er herab am Pfingstfest. Er ist die Seele der Kirche.

Er formt und lenkt die Kirche, er führt sie tiefer in die Wahrheit ein und bewahrt vor Irrtum, er schenkt den Glaubenszeugen Kraft zum Bekenntnis, tröstet die Leidenden und bewegt alle Gläubigen zu Werken der Liebe. Die Kirche feiert den Heiligen Geist in besonderer Weise an Pfingsten. Immer aber betet sie zu Gott dem Vater durch Christus in der Gemeinschaft des Heiligen Geistes.

Wir beten:

Gott, du hast die Herzen deiner Gläubigen durch die Erleuchtung des Heiligen Geistes gelehrt. Gib, daß wir in diesem Geist erkennen, was recht ist, und allezeit seinen Trost und seine Hilfe erfahren. Darum bitten wir durch Christus, unsern Herrn.

ВЕРУЮ В СВЯТОГО ДУХА

Любовь между Богом Отцом и Его Сыном, Который в Иисусе Христе воплотился в человека, - эта любовь не нечто, а Некто: Святой Дух. Он связывает Отца и Сына; мы считаем, что Он также связывает Бога и людей. Любовь Божия «излилась в наши сердца через Святого Духа». Он - самое прекрасное, самое святое и самое хорошее, Кто может нас оживить и воодушевить. Но Дух Божий незрим и неосязаем. Он воздействует на человека не силой, а мягкостью и радостью Своего присутствия. Для многих людей Он - «неизвестный Бог», наверное еще и потому, что Он - скрытно всегда присутствующий Бог нашей жизни.
При сотворении мира Дух Божий носился над водою и привел в порядок хаос. В Ветхом Завете Он говорил через пророков. На Иисуса Он снизошел при крещении в Иордане и непрерывно пребывает на Нём. На Церковь Он снизошел в Пятидесятницу. Он - Душа Церкви.
Он созидает и направляет Церковь, Он наставляет ее глубже в истине и хранит от ошибки, Он дарует силу свидетелям веры для исповедания ее, утешает страждущих и побуждает всех верующих поступать по любви. Церковь празднует Его особым образом в день св. Троицы. Но она всегда молится Богу Отцу через Христа и Святого Духа.

Мы молимся:

Боже, Ты наставил сердца Твоих верующих просветлением Святого Духа. Дай, Боже, чтобы мы в Твоем Духе узнали, что правильно, и чтобы мы всегда имели Его утешение и Его помощь. Об этом молим мы Тебя через Христа, нашего Господа.

Die Kirche ruft zum Heiligen Geist:

2. Komm, Tröster, der die Herzen lenkt, / du Beistand, den der Vater schenkt; / aus dir strömt Leben, Licht und Glut, / du gibst uns Schwachen Kraft und Mut.
3. Dich sendet Gottes Allmacht aus / im Feuer und in Sturmes Braus; / du öffnest uns den stummen Mund / und machst der Welt die Wahrheit kund.
4. Entflamme Sinne und Gemüt, / daß Liebe unser Herz durchglüht / und unser schwaches Fleisch und Blut / in deiner Kraft das Gute tut.
5. Die Macht des Bösen banne weit, / schenk deinen Frieden allezeit. / Erhalte uns auf rechter Bahn, / daß Unheil uns nicht schaden kann.
6. Laß gläubig uns den Vater sehn, / sein Ebenbild, den Sohn, verstehn / und dir vertraun, der uns durchdringt / und uns das Leben Gottes bringt.
7. Den Vater auf dem ewgen Thron, und seinen auferstandnen Sohn, / dich, Odem Gottes, Heilger Geist, / auf ewig Erd und Himmel preist. / Amen.

T: „Veni Creator Spiritus", Übertragung Friedrich Dörr 1969
M: Kempten um 1000 / Wittenberg 1524 / Mainz 1947

Церковь взывает к Святому Духу:

1. Приди, о Дух Святой, создавший жизнь, исполни нас Своею силой. Твое творческое слово вызвало нас к жизни: вдохни теперь в нас дух Божий. Аминь.

2. Приди, Утешитель, Который направляет сердца,/ Ты Заступник, Которого даровал Отец;/ из Тебя струится жизнь, свет и жар,/
Ты даешь нам слабым силу и мужество.
3. Тебя посылает всемогущество Божие / в огне и в шуме шторма;/
Ты отворяешь нам немые уста / и возвещаешь миру правду.
4. Воспламени чувства и душу,/ чтобы любовь зажгла сердце/ и наши слабые плоть и кровь/ Твоей силой творили добро.
5. Власть тьмы от нас прогони, / даруй всегда Твой мир./ Удержи нас на праведном пути, / чтобы беда не могла причинить нам вреда.
6. Дай нам в вере видеть Отца, понимать Сына - Его образ/ и уповать на Тебя, Которым мы исполнены/ и Который дает нам жизнь Бога.
7. Отца на предвечном престоле, и Его воскресшего Сына,/ Тебя, дыхание Бога, Святой Дух, вечно на земле и небе славить.
/ Аминь.

Тема:
»Приди Дух-Творец«,
перевод на немецкий Фридриха Дёрра 1969

DER DREIFALTIGE GOTT

Wir können Gott nicht begreifen, er ist für uns ein Geheimnis. Aber durch Jesus Christus wissen wir: Gott ist

- der Vater, der uns liebt,
- der Sohn, der für uns Mensch geworden ist und für uns gelitten hat,
- der Heilige Geist, den der Vater und der Sohn uns senden, damit wir glauben, hoffen und lieben können.

Wir nennen Gott den Dreifaltigen. Wir bekennen den einen Gott in drei Personen: den Vater, den Sohn und den Heiligen Geist. Wir beten zu Gott, der heiligsten Dreifaltigkeit.

Das kürzeste Glaubensbekenntnis sind die Worte, die wir beim Kreuzzeichen sprechen:

> Im Namen des Vaters und des Sohnes und des Heiligen Geistes.

> Ehre sei dem Vater und dem Sohn und dem Heiligen Geist, wie im Anfang, so auch jetzt und alle Zeit und in Ewigkeit. Amen.

ТРИЕДИНЫЙ БОГ

Мы не можем понять Бога - Он остается для нас тайной. Но через Иисуса Христа мы знаем, что Бог:

- Отец, Который любит нас,
- Сын, Который ради нас воплотился в человека и пострадал за нас,
- Святой Дух, Которого посылают нам Отец и Сын, чтобы мы могли верить, надеяться и любить.

Мы называем Бога Триединым Богом. Мы исповедуем единого Бога в трех Лицах: Отца, Сына и Святого Духа. Мы молимся Богу, пресвятой Троице.

Самое краткое исповедание веры - это слова, которые мы произносим, когда осеняем себя крестным знамением:

Во имя Отца и Сына и Святого Духа.

Слава Отцу и Сыну и Святому Духу, и теперь и всегда и во веки веков. Аминь.

ICH GLAUBE AN DIE HEILIGE KATHOLISCHE KIRCHE

Kirche – das ist nicht nur der Pfarrer und die Gemeinde, die ich zufällig kenne oder zu der ich gehöre.
Kirche – das ist nicht nur das Bistum oder die Diözese, in der ich lebe und die mein Bischof als Nachfolger der Apostel leitet.
Kirche – das ist nicht nur die sichtbare Weltkirche, die in allen Kontinenten den Glauben verkündet und den Menschen Sinn und Ziel für ihr Leben bringt – oft unter schweren Verfolgungen, um der Gerechtigkeit und der Freiheit willen.

Was ist die Kirche?

Die Kirche ist ein Glaubensgeheimnis.
Sie ist das *Volk Gottes,* das der Herr sammelt und heimführt. Sie ist der geheimnisvolle *Leib Christi,* der aus vielen Gliedern besteht und der durchseelt ist vom Geist des Hauptes, Christus selber.
Sie ist ein Bauwerk Gottes, des Heiligen Geistes.
Aber die Kirche besteht aus Menschen mit ihren Fehlern, Schwächen und Sünden. Darum ist die Kirche immer auch erneuerungsbedürftig – wie jeder einzelne Christ. Die Ärgernisse, die im Lauf der Geschichte von Menschen der Kirche begangen worden sind, verdunkeln für viele die Frohe Botschaft.
Aber der Geist der Wahrheit und der Liebe erweckt inmitten der Kirche – und an ihren Grenzen – auch immer wieder Menschen von großer Heiligkeit und Überzeugungskraft, von mitreißender Barmherzigkeit und Güte. Sie leben überzeugend aus der Kraft des Evangeliums und aus der Gnade der heiligen Sakramente der Kirche.
So ist die Gemeinschaft der Christen auch immer wieder ein Ort, wo sich die Barmherzigkeit Gottes in besonderer Weise ereignet.

ВЕРУЮ В СВЯТУЮ КАТОЛИЧЕСКУЮ ЦЕРКОВЬ

Церковь - это не только священник и община, которую я случайно знаю, или к которой я принадлежу.
Церковь - это и не только приход и епархия, в которых я живу и которыми руководит наш епископ, как преемник Апостолов.
Церковь - это не только видимая мирская Церковь, которая проповедует веру на всех континентах и придает смысл и цель жизни людей - часто в условиях жестоких гонений - ради справедливости и свободы.

Что такое Церковь?

Церковь - это тайна веры.
Она народ Божий, который Господь собирает и ведет домой.
Она - таинственное *Тело Христово*, которое состоит из многих членов и которое пронизано Духом Главы, Самого Христа.
Она - здание Божие, Святого Духа.
Но Церковь состоит из людей со своими ошибками, слабостями и грехами. Поэтому Церкви всегда необходимо обновление - как и каждому христианину. Нарушения норм морали и неприятности, причиненные на протяжении истории церковниками, затушевывают и скрываают для многих благую весть. Но Дух правды и любви снова и снова будит в самой Церкви - и за ее пределами - людей великой святости, обладающих большой силой убеждения, людей зажигательного милосердия и доброты. Они живут - показывая убедительный пример - из силы Евангелия и из благодати святых таинств Церкви.
Поэтому общность христиан - это снова и снова место, в котором особым образом проявляется милосердие Божие.

Nach dem Willen und Auftrag Christi soll die Kirche *einig* sein – eins im Glauben, in der Liebe, in der sichtbaren Einheit vor den Menschen.
Ein Zeichen der Einheit in der Kirche ist der *Papst* als Nachfolger des heiligen Petrus und das mit ihm vereinte Kollegium der Bischöfe in aller Welt. Diese bilden das Lehramt der Kirche, das untrüglich (unfehlbar) festhält, erklärt und verkündet, was Gott geoffenbart hat. Diese „Unfehlbarkeit" der Kirche verwirklicht sich in den ausdrücklichen Lehren über Fragen des Glaubens und der Sitte („Dogmen"), wie sie ein Konzil mit dem Papst oder auch der Papst allein verkünden kann.
Menschliche Schwachheit hat die Christen entzweit – die Gnade Gottes allein kann sie wieder vereinen. Darum müht sich *die ökumenische Bewegung* in aufrichtiger Bekehrung des Herzens, in Gebet, Begegnung und Gespräch.
Jeder Christ muß in seinem Herzen ökumenisch gesinnt sein.

Herr, laß alle eins sein, damit die Welt glaube.

Von ihrem Herrn her und durch den Heiligen Geist, der in ihr wirkt, ist die Kirche *heilig.*
Die Kirche ist *katholisch* – das heißt allumfassend; offen für die Menschen aller Rassen und Sprachen; die ganze Wahrheit umfassend, die uns Gott in seiner Offenbarung anvertraut hat. Diese Kirche Christi ist in der römisch-katholischen Kirche Wirklichkeit, und alle Christen aller verschiedenen Konfessionen sind auf die Einheit mit ihr ausgerichtet.
Die Kirche ist *apostolisch* – das heißt treu der Lehre der Apostel, und geleitet von den Nachfolgern der Apostel. Diese haben ihr Amt und ihre Sendung durch die Weihe weitergegeben an das Bischofskollegium unter der Leitung des Nachfolgers des heiligen Petrus, des Papstes.

Die Kirche ist die *Gemeinschaft der Heiligen,* das heißt der von Gottes Gnade Geheiligten; aber auch die Gemeinschaft „im Heiligen", in den Gaben des göttlichen Wortes und der Sakramente, die uns allen geschenkt sind.
Die *Vergebung der Sünden* wird uns in der Taufe geschenkt, aber auch durch Umkehr, gute Werke und vor allem im Bußsakrament.

По воле и заданию Христа Церковь должна быть *единой* - едина в вере, в любви, в видимом единстве людей.
Знаком единства в Церкви является Папа, как наследник святого Петра, и единая с ним коллегия епископов во всем мире. Они - учители Церкви, которые верно и без ошибок хранят и возвещают то, что открыл людям Бог. Эта «непогрешимость» Церкви получает свое выражение в имеющем обязательную силу учении по вопросам веры и нравов («догмы»), которое может возвестить церковный собор с Папой, или один Папа.
Человеческая слабость посеяла раздор между христианами, лишь благодать Божия может сделать их вновь едиными. Поэтому *экуменическое движение* прикладывает все силы в молитве, во встречах, в разговорах для искреннего обращения сердца.
Каждый христианин должен в сердце своем быть настроенным на единение всех христианских Церквей.

Господи, да будут все едины, чтобы мир верил.

Церковь *святая* - от своего Господа и через Святого Духа, Который действует в ней.
Церковь *католическая*, то есть она соборная - всеохватывающая, вселенская, открытая для людей всех рас и языков; она включает всю истину, которую вверил нам Бог в Своем откровении. Эта Церковь Христова реализована в римско-католической Церкви, и все христиане всех вероисповеданий ориентируются на единение с ней.
Церковь *апостольская*, то есть она верна учению Апостолов, и ее направляют преемники Апостолов. Апостолы передали через посвящение свое служение и свою весть собору епископов под руководством преемника святого Петра - Папы.

Церковь - это *общность святых*, то есть спасенных Божьей благодатью людей, но и общность «в святом», в дарах Божьего слова и в таинствах, которые дарованы всем нам.

Прощение грехов даровано нам при крещении, но и через обращение, добрые дела и, прежде всего, в таинстве покаяния.

ICH GLAUBE AN DIE AUFERSTEHUNG DER TOTEN UND DAS EWIGE LEBEN

Ist mit dem Tod alles aus? Darauf läßt sich mit guten Gründen ja und nein sagen.
Ja – mit dem Tod ist alles aus, was unser heutiges Leben ausmacht und füllt: Arbeit und Beruf, Sorgen und Freuden, Liebe und Haß, Reichtum und Not. Wir werden alles verlieren, was wir besitzen – nichts nehmen wir mit.
Nein – der christliche Glaube schenkt Hoffnung über den Tod hinaus. Wir werden zwar alles aufgeben, aber das Leben mit Christus neu gewinnen. Denn die Treue Gottes läßt uns nicht fallen. Gott hat ein für allemal zu uns ja gesagt. Wir werden zum Leben auferstehen in der Gleichgestaltung mit dem auferstandenen Christus.
Das bekennt der christliche Glaube. Er übersteigt die menschliche Vorstellungskraft.

„Kein Auge hat es gesehen und kein Ohr hat es gehört und in keines Menschen Herz ist es gedrungen, was Gott denen bereitet hat, die ihn lieben."

1 Kor 2,9

Seit alters gab es die Hoffnung auf ein Weiterleben der Seele, eine Heimkehr des Geistes in ein lichtes Reich, dem sie eigentlich zugehört. Aber das waren religiöse und philosophische Meinungen, die sich nicht auf unsere hiesige Erfahrung stützen konnten – außer vielleicht auf abergläubisch oder parapsychologisch gedeutete, oft angsterregende Fakten.
Von all dem ist der Realismus der Bibel weit entfernt. Erst spät bricht in ihr das Bewußtsein durch, daß die Treue Gottes nicht Halt macht an der im Erdenleben erfahrenen endgültigen Grenze des Todes; daß die Toten nicht Schatten in der Unterwelt sind; daß wir nicht nur „zu unseren Vätern versammelt werden", sondern in die Gemeinschaft mit dem lebendigen Gott kommen dürfen.
„Im Hause meines Vaters sind viele Wohnungen", hat Christus gesagt, Joh 14.2.
Der christliche Glaube hält daran fest, daß wir nach unserem Tod im Licht des lebendigen Gottes uns selbst erkennen werden. Wir werden sein *Urteil* über unser Leben hören und hoffen, daß unser Glaube dann übergehen wird ins Schauen der göttlichen Herrlichkeit, die Hoffnung in den Besitz der verheißenen Güter, die Liebe in die bleibende Geborgenheit bei Gott.

ВЕРУЮ В ВОСКРЕСЕНИЕ МЕРТВЫХ И В ВЕЧНУЮ ЖИЗНЬ

Может быть со смертью всему приходит конец? На это вполне обоснованно можно ответить и «да» и «нет».

Да: со смертью все кончается, что касается нашей нынешней жизни и что её составляет: работа и профессия, заботы и радости, любовь и ненависть, богатство и нужда. Мы потеряем все, чем владеем - ничего не возьмем с собой.

Нет: христианская вера дарует нам надежду и после смерти. Мы, правда, все оставим, но вновь обретем жизнь со Христом. Потому что верность Божия не оставит нас. Бог раз и навсегда сказал нам «да». Мы воскреснем к жизни в том же образе с воскресшим Христом.

Христианская вера исповедует это. Она превыше силы человеческого воображения.

> Не видел того глаз, не слышало ухо, и не приходило то на сердце человеку, что приготовил Бог любящим Его.

1 Кор. 2:9

Издавна существовала надежда на то, что душа продолжает жить, на то, что дух возвращается в светлый яркий мир, к которому она, собственно, принадлежит. Но это были религиозные и философские воззрения, которые нельзя было обосновать, исходя из нашего здешнего опыта, разве что на суевериях или парапсихологически истолкованных, часто жутких, фактах.

Реализм Библии далек от всего этого. Лишь очень поздно пробивается в ней сознание, что верность Бога не заканчивается у пережитой в земной жизни последней границы, смерти, что умершие - это не тени в потустороннем мире; что мы уходим не только для того «чтобы приложиться к народу своему», но чтобы обрести возможность пребывать вместе с живым *Богом.* *»В доме Отца Моего обителей много«,* сказал Иисус (Иоан. 14:2).

Христианская вера твердо считает, что после нашей смерти мы сами узнаем себя в свете живого Бога. Мы услышим Его *решение* о нашей жизни, и надеемся, что тогда наша вера перейдет во взирание на славу Божию, а надежда - на обладание обетованными благами, любовь - в непреходящее сознание защищенности и укрытости у Бога.

Der christliche Glaube hofft auch darauf, daß uns nach dem Tod noch ein letztes Reifwerden für die ewige Gemeinschaft mit Gott gewährt werden wird. Darum reden wir von einem Läuterungszustand, einem Purgatorium oder, wie die mißverständliche Redeweise besagt, vom *Fegfeuer* der Armen Seelen. Die sog. Armen Seelen sind aber nicht Verdammte auf Zeit, sondern schon Erlöste im Zustand der Läuterung.

Der christliche Glaube richtet – nicht nur an Allerheiligen – immer wieder freudig bewegt den Blick auf die Schar der vollendeten und in der Gemeinschaft bei Gott ans Ziel gelangten Menschen – die „Wolke der Zeugen", die „Freunde Gottes", die erlöste Schar der „triumphierenden Kirche" in der Herrlichkeit des *Himmels*. In ihrer Gemeinschaft soll einmal unsere Heimat sein bei Gott.

Dabei bleibt unseren irdischen Augen verborgen, wie die *Vollendung* aller Menschen mit Leib und Seele am Ende der Tage sich vollziehen und aussehen wird. Wir wissen: wir werden beim Herrn sein; und wir werden ihm gleichgestaltet sein – und alles wird gut sein. Was bleibt, wird nicht die Trauer und die Vergänglichkeit sein, sondern die Freude und die ewige Seligkeit.

Niemandem aber wünscht der Glaube der Christen, daß er dieses Ziel seines Lebens nicht erreicht, sondern aus der Sünde und der Verhärtung im Bösen abstürzt ins ewige Dunkel des Fernseins von Gott. Denn ohne die Liebe Gottes doch dasein müssen, das wäre die Hölle. Dies kann sich der Mensch nur bereiten, wenn er sich für immer der Gnade Gottes verweigert.

Die Kirche betet im römischen Kanon der heiligen Messe:

> Nimm gnädig an, o Gott, diese Gaben deiner Diener und deiner ganzen Gemeinde; ordne unsere Tage in deinem Frieden, rette uns vor dem ewigen Verderben und nimm uns auf in die Schar deiner Erwählten.

Христианская вера также надеется, что после смерти нам будет дарована еще последняя зрелость для вечного единения и пребывания с Богом. Поэтому мы говорим об очищении, о чистилище, или, как гласит двусмысленное выражение Fegefeuer - огне чистилища бедных душ. Однако, так называемые бедные души - это не осужденные навечно, а искупленные и спасенные, в процессе очищения.

Христианская вера вновь и вновь устремляет радостный и трогательный взор - не только в праздник всех святых - на множество совершенных и достигших цели в общности с Богом людей - «облако свидетелей», «друзей Божиих», искупленное множество, «торжествующую Церковь» в славе *небесной*. В их сообществе однажды будет наша родина у Бога.

При этом от наших земных глаз остается скрытым, как произойдет *целостное восстановление* всех людей, тела и души, в последние дни, и как это будет выглядеть. Мы знаем: мы будем у Господа; мы будем подобны Ему и все будет хорошо. Останутся и пребудут не печаль и бренность, а радость и вечное блаженство.

Но вера христиан никому не желает, чтобы он не достиг этой цели своей жизни, или чтобы он из-за своих грехов, или из-за упрямства в нечестивости, был повержен во мрак и удален от Бога. Потому что это было бы адом - быть обреченным на существование без любви Божией. Человек может уготовить это себе, если он навсегда отречется от благодати Божией.

Церковь молится в римском каноне святой мессы:

> Прими милостиво, о Боже, эти дары Твоих служителей и всей Твоей общины; устрой наши дни в Твоем мире, спаси нас от вечной гибели и прими нас в великое множество Твоих избранных.

III. Wie leben wir als Christen in der Kirche?

III. Как живем мы, христиане, в Церкви?

Herr, du bekennst dich zu deiner Kirche, obwohl sie aus Menschen besteht wie ich und viele andere, die auch nicht besser sind als ich. Ich danke dir. Darum kann auch ich mich zu deiner und meiner Kirche bekennen.

Господи, Ты признаешь Себя причастным к Твоей Церкви, хотя она состоит из людей, которые, как я и многие другие, тоже не лучше меня. Благодарю Тебя. Поэтому и я могу признать себя причастным к Твоей и моей Церкви.

HERZLICH WILLKOMMEN
HEILIGER VATER
OMEGA

ZEICHEN UNTER DEN VÖLKERN

Menschen bilden vielerlei Gemeinschaften – z. B. um miteinander Sport zu treiben, Schach zu spielen, Geschäfte zu fördern und Handel zu treiben. Ist die Kirche auch eine Gemeinschaft dieser Art? Ist sie ein caritativer Wohltätigkeitsverein oder ein Dienstleistungsbetrieb für feierliche Taufen, Hochzeiten und Begräbnisse?
Die Kirche ist eine Gemeinschaft des Glaubens, der Hoffnung und der Liebe. Sie ist dazu da, die Menschen zum Heil zu führen. Diese sollen durch die Kirche und in der Kirche erkennen, welchen Sinn Gott ihrem Leben gegeben hat. Sie sollen darauf vertrauen, daß er selbst ihnen hilft, den Sinn ihres Lebens zu verwirklichen. Sie sollen erfahren, daß Gott sie liebt, und diese Liebe erwidern. So können sie auch lernen, sich untereinander als Brüder und Schwestern anzunehmen.
Aber wie kommt die Kirche als die Gemeinschaft der Gläubigen dazu, all das leisten zu wollen? Denn kein privater Zusammenschluß von Menschen kann sich das im Ernst vornehmen – er wird es nicht können. Nur wenn Gott selbst Menschen zusammenruft und mit seiner Botschaft zu andern sendet, kann Kirche entstehen.
Ohne Christus gäbe es keine Kirche. Sie hat ihren Ursprung in ihm. Von Gott gesandt, war er Zeichen und Werkzeug für die Liebe Gottes zu den Menschen. Die Kirche setzt diese Sendung fort.

Jesus sammelte Jünger um sich und berief sie zu seinen Mitarbeitern. Zwölf von ihnen gab er besondere Aufträge und Vollmachten. Er bestimmte sie zu Aposteln. Sie sollten den Menschen die Frohe Botschaft verkünden.

Aus der Schar der Apostel bestimmte Jesus den Simon zum Oberhaupt der Kirche. Er gab ihm den Namen Petrus, der Fels.

Das II. Vatikanische Konzil sagt:

Christus ist das Licht der Völker. Die Kirche aber ist in Christus das Sakrament, d. h. Zeichen und Werkzeug für die innigste Vereinigung mit Gott wie für die Einheit der ganzen Menschheit.

Um dieses Zeichen und Werkzeug sein zu können, sind der Kirche die vier Eigenschaften mitgegeben, die im großen (Nizänischen) Glaubensbekenntnis genannt werden:

Die Kirche ist einig, heilig, katholisch und apostolisch.

Christ ist man nie bloß als einzelner. Immer waren Christen eine Gemeinschaft, ein „Volk Gottes". In ihrer Mitte gab und gibt es Gute und Böse, Zweifelnde und Überzeugte, Heilige und Sünder. Das Wort „Kirche" kommt von Kyriake, d. h. dem Herrn zu eigen. Von Christus her ist die Kirche heilig: von den Menschen her ist sie mit Schwächen behaftet und erneuerungsbedürftig.

ЗНАМЕНИЯ СРЕДИ НАРОДОВ

У людей много обществ, например, спортивные: заниматься вместе спортом, играть в шахматы; содействовать предпринимательской деятельности, или заниматься торговлей. Ну, а что, Церковь тоже представляет собой такую общность? Может быть она благотворительное общество, или учреждение бытовых услуг для проведения торжественных крестин, свадеб и похорон?

Церковь - это общность веры, надежды и любви. Она существует для того, чтобы вести людей к спасению. Люди должны в Церкви и через Церковь узнать, какой смысл придал Бог их жизни. Они должны уповать на то, что Бог Сам поможет им реализовать смысл их жизни. Они должны узнать, что Бог их любит, и ответить Ему на эту любовь. Так они могут также научиться обращаться друг с другом как братья и сестры.

Но как случилось, что Церковь, как община верующих, решила все это делать? Ведь никакое частное сообщество людей не может всерьез решиться взяться за все это - оно попросту не сможет все это делать. Церковь может возникнуть лишь тогда, когда Сам Бог созывает людей и посылает со Своей вестью к другим.

Без Христа не было бы никакой Церкви. Её источник в Нем. Посланный Богом, Он был знамением и орудием любви Божией к людям. Церковь продолжает эту миссию.

Иисус собрал вокруг Себя учеников и призвал их быть Его соработниками. Двенадцати из них Он дал особые задания и полномочия. Он сделал их Апостолами. Они должны были провозглашать людям благую весть.

Из числа многих Апостолов Иисус назначил Симона главой Церкви. Он дал ему имя Петр, «камень».

II. Ватиканский собор постановил:

Христос - свет народам. А Церковь во Христе - это таинство, то есть знамение и орудие для самого сердечного и тесного единения с Богом, как для единения всего человечества.

Чтобы быть этим знамением и орудием, Церкви даны были четыре качества, которые перечислены в большом (Никейском) символе веры:

Церковь единая, святая католическая и апостольская.

Христианином нельзя быть в одиночестве. Христиане всегда были общиной, «народом Божиим». Среди них были и есть хорошие и злые, сомневающиеся и убежденные, святые и грешники. Слово Церковь происходит от греческого кириаке, то есть, дом Господа. Через Христа Церковь свята: из-за людей она обременена грехами и нуждается в обновлении.

Die Kirche ist eine weltweite Organisation und Institution und zugleich mehr: ein Geheimnis. Die Gemeinschaft der Christen in der Kirche umspannt die Jahrhunderte und greift zugleich über den Tod hinaus in die bleibende Gemeinschaft mit Gott ins ewige Leben.

Dieses Geheimnis der Kirche bekennen wir, wenn wir im Apostolischen Glaubensbekenntnis sagen:

Ich glaube an die heilige katholische Kirche, Gemeinschaft der Heiligen.

❃

Nach seiner Kreuzigung und Auferstehung erschien Jesus den mutlos gewordenen Aposteln und gab ihnen seinen Geist und seine Sendung.

Im Johannesevangelium sagt Jesus:

Friede sei mit euch! Wie mich der Vater gesandt hat, so sende ich euch! Nachdem er das gesagt hatte, hauchte er sie an und sprach zu ihnen: Empfangt den Heiligen Geist!

Joh 20,20–22

Jesus erfüllt seine Jünger mit dem Heiligen Geist. Am Pfingsttag kam dieser in sichtbaren Zeichen auf sie herab. Sie blieben beisammen und feierten gemeinsam Gottesdienst. Sie beteten miteinander und verkündeten den Menschen das Leben und Wirken Christi. Sie sorgten füreinander. Sie waren überzeugt:

Jesus Christus ist bei uns. Der Heilige Geist ist in uns lebendig.

Die Kirche ist überall da lebendig,

- wo das Evangelium verkündet wird,
- wo in den Sakramenten Jesus Christus zu den Menschen kommt,
- wo die Menschen in Liebe miteinander leben.

Die Kirche ist die Gemeinschaft, in der Jesus Christus zugegen ist und in der sein Geist weiterlebt. Jesus Christus leitet die Kirche durch die Nachfolger der Apostel, die Bischöfe. An ihrer Spitze steht der Nachfolger des heiligen Petrus, der Papst.

Jesus sagte:

Nicht ihr habt mich erwählt, sondern ich habe euch erwählt, und ich habe euch dazu bestimmt, daß ihr hingeht und Frucht bringt und daß eure Frucht bleibt.

Joh 15,16

Ihr werdet meine Zeugen sein in Jerusalem und in ganz Judäa und Samarien und bis an die Grenzen der Erde.

Apg 1,8

Церковь - всемирная, международная организация, и, в то же время, больше: тайна. Общность христиан в Церкви продолжается века и, одновременно, простирается за чертой смерти в непреходящее единение с Богом в вечной жизни.

Эту тайну Церкви мы исповедуем, когда мы говорим в Апостольском символе веры:

Верую в святую католическую Церковь, общность святых.

*

После распятия и воскресения Иисус явился потерявшим мужество Апостолам и дал им Своего Духа и Свою миссию.

В Евангелии св. Иоанна Иисус говорит:

> Мир вам! как послал Меня Отец, так Я посылаю вас! Сказав это, дунул, и говорит им: примите Духа Святого.

Ин. 20:20-22

Иисус исполнил Своих учеников Святого Духа. В день Пятидесятницы Он сошел на них зримо. Они оставались вместе и совершили совместно богослужение. Они молились совместно и возвещали людям жизнь и деяния Христа. Они заботились друг о друге. Они были убеждены в том, что:

Иисус Христос с нами. Дух Святой жив в нас.

Церковь везде там живая,

– где проповедуется Евангелие,
– где в таинствах к людям приходит Иисус Христос,
– где люди живут друг с другом в любви.

Церковь - это общность, в которой присутствует Иисус Христос и в которой продолжает жить Его Дух. Иисус Христос управляет Церковью через епископов - преемников Апостолов. Во главе их стоит преемник святого Петра - Папа.

Иисус сказал:

> Не вы Меня избрали, а Я вас избрал и поставил вас, чтобы вы шли и приносили плод, и чтобы плод ваш пребывал.

Ин. 15:16

> И вы будете Мне свидетелями в Иерусалиме и во всей Иудее и в Самарии и даже до края земли.

Деян. 1:8

UNSER BILD VON DER KIRCHE

Welches Bild von ihr habe ich?

Welches Bild jeder einzelne von der Kirche hat, hängt davon ab, welchen Christen er begegnet ist, welche Gemeinde er besonders kennt, wie dort Gottesdienst gefeiert und gepredigt wird, welche guten und unguten Erfahrungen er mit Menschen der Kirche gemacht hat. Das Bild, das wir uns – von unseren Erfahrungen her – von der Kirche machen, ist immer ungenügend. Was sie ist, kann man nur hinreichend erkennen, wenn man sich auf Christus und seine Botschaft einläßt. Die Bibel spricht es in vielen Bildern (Bildworten) aus.

Eines der wichtigsten biblischen Bildworte für die Kirche ist: *Volk Gottes*. Sie ist das neue Israel. In die Kirche wird man durch die Taufe aufgenommen. Wie das alte Israel seinen Kindern Anteil gab an der Erfahrung, die die Väter im Glauben mit Gott gemacht haben, so tut es auch das neue Gottesvolk. In ihm sind wir hineingenommen in die Geschichte Gottes mit den Menschen, unterwegs in der Hoffnung auf die Vollendung im Reich Gottes.

Ihr aber seid ein auserwähltes Geschlecht, eine königliche Priesterschaft, ein heiliger Stamm, ein Volk, das sein besonderes Eigentum wurde, damit ihr die großen Taten dessen verkündet, der euch aus der Finsternis in sein wunderbares Licht gerufen hat. Einst wart ihr nicht sein Volk, jetzt aber seid ihr Gottes Volk; einst gab es für euch kein Erbarmen, jetzt aber habt ihr Erbarmen gefunden.

1 Petr 2,9–10

Der heilige Paulus nennt die Kirche *Leib Christi* (z. B. 1 Kor 12). Christus ist das Haupt der Kirche; sie ist sein Leib; wir sind die Glieder, die von Gottes Geist beseelt, durch die Zugehörigkeit zu Christus, dem Haupt, das Leben haben. Weil nicht der menschliche Leib Jesu von Nazaret gemeint ist, sondern die Kirche in ihrem Mysterium (Lebensgeheimnis), redet man vom mystischen Leib Christi. (1 Kor 10,17)

Denn wie der Leib eine Einheit ist, doch viele Glieder hat, alle Glieder des Leibes aber, obgleich es viele sind, einen einzigen Leib bilden: so ist es auch mit Christus. Durch den einen Geist wurden wir in der Taufe alle in einen einzigen Leib aufgenommen, Juden und Griechen, Sklaven und Freie; und alle wurden wir mit dem einen Geist getränkt. So besteht auch der Leib nicht nur aus einem Glied, sondern aus vielen Gliedern.

1 Kor 12,12–14

НАШЕ ПРЕДСТАВЛЕНИЕ О ЦЕРКВИ

Какое у меня представление о ней?

Представление, которое складывается у человека о Церкви, зависит от того, с какими христианами он встречался, какую общину он особенно хорошо знает, как проходит там богослужение и какие читаются проповеди, какие хорошие и нехорошие воспоминания связаны у него с людьми из этой Церкви. Картина, какой мы представляем себе Церковь - из нашего личного опыта - всегда неполная. Какой она является на самом деле, можно в достаточной мере узнать лишь, если учитывать Христа и Его весть. В Библии это выражено многими метафорами.

Одна из важнейших библейских метафор для Церкви - метафора народа Божия. Она - Новый Израиль. В Церковь принимают через таинство крещения. Точно также, как в старину Израиль причащал своих детей к опыту, приобретенному их отцами в вере Богу, так это делает и новый народ Божий. В нем мы приняты в историю Бога с людьми, которые находятся в пути в надежде на совершенство и исполнение в Царствии Божием.

> Но вы - род избранный, царственное священство, народ святый, люди, взятые в удел, дабы возвещать совершенства Призвавшего вас в чудный Свой свет; некогда не /Его/ народ, а ныне народ Божий; некогда непомилованные, а ныне помилованы.

1 Петр. 2:9-10

Св. Апостол Павел называет Церковь *телом* Христовым (напр., в 1 Кор. 12). Христос Глава Церкви, она - Его Тело; мы - члены, которые, одухотворенные Божиим Духом, обрели жизнь через причастность ко Христу, ее Главе. Потому что имеется в виду не человеческое Тело Иисуса из Назарета, а Церковь - в ее таинстве (тайне жизни), говорят о мистическом теле Христовом (1 Кор. 10:17).

> Ибо, как тело одно, но имеет многие члены, и все члены одного тела, хотя их и много, составляют одно тело: так и Христос. Ибо все мы одним Духом крестились в одно тело, Иудеи или Еллины, рабы или свободные; и все напоены одним Духом. Тело же не из одного члена /состоит/, но из многих.

1 Кор. 12:12-14

Wenn ein Glied leidet, leiden alle Glieder mit; wenn ein Glied geehrt wird, freuen sich alle anderen mit ihm. Ihr aber seid der Leib Christi, und jeder einzelne ist ein Glied an ihm.

1 Kor 12,26–27

Ist das Brot, das wir brechen, nicht Teilhabe am Leib Christi? Ein Brot ist es. Darum sind wir viele ein Leib; denn wir alle haben Teil an dem einen Brot.

1 Kor 10,16–17

Die Braut des Lammes wird die Kirche genannt (Offb 19,7; Eph 5,26), die dem Bräutigam und dem himmlischen Hochzeitsmahl entgegengeht. Dieses und andere biblische Bilder greift das Kirchenlied auf:

Wachet auf, ruft uns die Stimme der Wächter sehr hoch auf der Zinne,
„wach auf, du Stadt Jerusalem!" Mitternacht heißt diese Stunde;
sie rufen uns mit hellem Munde: „Wo seid ihr klugen Jungfrauen?
Wohlauf, der Bräutigam kommt; steht auf, die Lampen nehmt.
Halleluja.
Macht euch bereit zu der Hochzeit, ihr müsset ihm entgegengehn."

Aus dem Gotteslob

Die im Lied genannte Stadt Jerusalem ist wiederum die Kirche, die ihrer Hochzeit entgegengeht, wenn der Bräutigam kommt und das Reich Gottes anbricht.
Andere Bildworte in der Heiligen Schrift reden von der Kirche als der Herde, die Christus als guter Hirt leitet; vom Acker und Weinberg Gottes, vom Gottesbau oder Tempel.

Mutter wird die Kirche genannt, weil sie uns durch die Taufe das neue Leben mit Gott schenkt

(Gal 4,26)

Die Kirche ist die Mutter, die uns glauben, hoffen und lieben lehrt.

„Auf ihrem Schoß habe ich alles gelernt."

(Paul Claudel)

„Der kann Gott nicht zum Vater haben, der die Kirche nicht zur Mutter hat."

(Heiliger Märtyrerbischof Cyprian)

Посему, страдает ли один член, страдают с ним все члены; славится ли один член, с ним радуются все члены. И вы - тело Христово, а порознь - члены.

1 Кор. 12:26-27

Хлеб, который преломляем, не есть ли приобщение Тела Христова? Один хлеб, и мы многие одно тело; ибо все причащаемся от одного хлеба.

1 Кор.10:16-17

Невестою Агнца названа Церковь (Отк. 19:7; Еф. 5:26), которая идет навстречу Жениху и на небесный свадебный пир. Эта и другие библейские метафоры получили отражение в церковной песне:

Проснитесь, зовет нас с высокой стены стражей глас,
«проснись град Иерусалим!» Полуночью называется этот час;
они зовут нас во весь голос: «где вы, умные девы?
В добром здравии, Жених идет, вставайте, возьмите светильники.
Аллилуия.
Готовьтесь к свадьбе, вы должны пойти Ему навстречу».

Из Gotteslob

Упоминаемый в песне град Иерусалим - это тоже Церковь, которая идет навстречу своему брачному пиру, когда придет Жених и наступит Царствие Божие.
В других метафорах в Священном Писании говорится о Церкви как о стаде, которое ведет Христос, как хороший Пастырь, от нивы или из виноградника Божия, от дома Божия или от храма.

Матерью называют нашу Церковь, потому что она через крещение дарует нам новую жизнь в Боге.

Гал. 4:26

Церковь - это мать, которая учит нас верить, надеяться и любить.
«На ее коленях я всему научился».

Поль Клодель

«Бог не может быть Отцом тому, кто не считает Церковь своей матерью».

Святой мученик епископ Киприян

SAKRAMENTE

Ein Händedruck, eine Umarmung können Zeichen einer Zuneigung sein, die keiner Worte mehr bedarf. Ein herrlicher Sonnenuntergang kann uns ergreifen und zum Symbol für die Herrlichkeit der ganzen Schöpfung werden. Es gibt viele Zeichen und Symbole dieser Art, manche sind mehrdeutig oder brauchen zu ihrer Erklärung das deutende Wort.

Auch Gott spricht zu uns nicht nur mit Worten, er handelt an uns auch in Zeichen und Symbolen – das bezeugt die Bibel in vielfältiger Weise.

Das grundlegende heilige Zeichen der Zuneigung Gottes zu uns ist der menschgewordene Gott, Jesus Christus. Er ist das *„Ursakrament“*, das heilige Zeichen schlechthin und zugleich das Wort.

Durch Christus ist die Kirche heiliges Zeichen unter den Völkern, das *„Grundsakrament“*. In ihren sieben Sakramenten ist Christus uns unser Leben lang nahe. Die sieben Sakramente sind heilige Zeichen, in denen Christus uns seine Güte erfahren läßt und mit uns geht von der Geburt bis zu unserem Tod.

Im Wasser der *Taufe* reinigt Christus uns von Sünden und schenkt uns neues Leben als Glieder seiner Kirche.

In der Handauflegung und Salbung der *Firmung* stärkt Christus uns mit dem Heiligen Geist.

In der *Eucharistie* vergegenwärtigt Christus in der Wandlung von Brot und Wein sein Kreuzesopfer und vereinigt sich mit uns im eucharistischen Mahl.

In der *Buße* hilft Christus uns zur Umkehr und vergibt uns in der Lossprechung die Sünden.

In der *Krankensalbung* mit heiligem Öl steht uns Christus bei in schwerer Krankheit und Lebensgefahr.

Im Sakrament der *Weihe* gibt er durch die Handauflegung des Bischofs Vollmacht vor allem zur Verkündigung seines Wortes und zur Spendung seiner Sakramente.

In der *Ehe* verbindet er zwei Menschen durch ihr Jawort zu einem heiligen, unauflöslichen Bund, wie er selber ihn mit seiner Kirche geschlossen hat.

ТАИНСТВА

Рукопожатие, объятие могут быть знаком симпатии, расположения, который не требует никаких слов. Прекрасный закат может растрогать нас и стать символом величия всего творения. Есть много знаков и символов такого рода; некоторые из них многозначны, или требуют для разъяснения какого-то слова.

Бог тоже говорит к нам не только словами. Он обращается к нам в знаках и символах - Библия многообразно свидетельствует об этом.

Главный, основной знак благосклонности Бога к нам - воплотившийся Бог, Иисус Христос. Он - «пратаинство», священный знак вообще и одновременно Слово.

Через Христа Церковь является святым знаком для народов, «*основным таинством*». В ее семи таинствах Иисус всю нашу жизнь близок к нам. Семь таинств - это священные знаки, в которых Христос дает нам возможность познать Свою доброту и идет с нами от нашего рождения до нашей смерти.

В воде *крещения* Христос очищает нас от грехов и дарует нам новую жизнь, как членам Своей Церкви.

В возложении рук и помазании *конфирмации* Христос укрепляет нас Святым Духом.

В *евхаристии* Христос напоминает нам через пресуществление хлеба и вина о Своей жертве, принесенной на кресте, и становится с нами единым в евхаристической трапезе.

В *покаянии* Христос помогает нам обратиться и в отпущении грехов прощает нам наши грехи.

В *помазании* больных священным маслом Господь помогает нам в тяжелой болезни и в минуту смертельной опасности.

В таинстве *посвящения* Он дает через возложение рук епископом полномочия прежде всего для возвещения Своего слова и совершения Своих таинств.

В браке Он связывает двух людей их согласием в священном нерасторжимом союзе, как Он Сам заключил со Своею Церковью.

Wir sagen:

Sakramente sind heilige Zeichen, durch die Christus bewirkt, was sie bezeichnen.

Zu einem Sakrament gehören:

- Wort und Zeichen,
- die damit bezeichnete Gnade,
- der Auftrag des Herrn.

Was schenkt uns Gott in den Sakramenten?

Gott schenkt uns in den Sakramenten seine bleibende Nähe.
In ihnen begegnen wir Jesus Christus. Durch sie teilt Jesus uns das Heil und die Gnaden mit, die von seinem Kreuz ausgehen.

Herr, in deinen Sakramenten bist du uns der Helfer und Heiland – durch Zeichen und Wort. Du erneuerst uns und richtest uns auf, nährst und stärkst uns und gibst uns Kraft zum Leben in der Gemeinschaft und im Dienst an den Menschen.

Мы говорим:

Таинства - это священные знаки, через которые Христос совершает то, что они значат.

К таинству относятся:
– Слово и знак,
– обозначенная этим благодать
– задание Господа.

Что дарует нам Бог в таинствах?

В таинствах Бог дарует нам Свою непреходящую близость.
В них мы встречаем Иисуса Христа. В них Иисус дарует нам спасение и благодать, которые исходят от Его креста.

Господи, в Твоих таинствах Ты наш Помощник и Спаситель - через знак и слово. Ты обновляешь и ободряешь нас, питаешь и придаешь нам силы для жизни в общине и на служение людям.

IN DER TAUFE CHRIST GEWORDEN

Was bezeichnet und bewirkt die Taufe?

Durch die Taufe werden wir in Christus eingegliedert und in die Gemeinschaft der Kirche aufgenommen.
Das Zeichen des Taufsakramentes ist das Wasser. Es wird über das Haupt des Täuflings gegossen. Früher wurde der Täufling in das Wasser eingetaucht. In der Taufe verbindet sich Jesus unauflöslich mit uns. Er tilgt die Erbsünde, vergibt persönliche Sünden und schenkt uns neues Leben im Heiligen Geist.

Die Taufe wird gespendet mit den Worten:

„Ich taufe dich
im Namen des Vaters
und des Sohnes
und des
Heiligen Geistes."

Jeder Mensch kann gültig taufen; doch soll außer im Notfall nur der Priester oder Diakon taufen.
Die Kirche handelt so im Auftrag des auferstandenen Christus, der seine Jünger zu allen Völkern sandte. Mit diesem Auftrag schließt das Matthäus-Evangelium.

Mir ist alle Macht gegeben im Himmel und auf der Erde. Darum geht zu allen Völkern und macht alle Menschen zu meinen Jüngern: tauft sie auf den Namen des Vaters und des Sohnes und des Heiligen Geistes und lehrt sie, alles zu befolgen, was ich euch geboten habe. Seid gewiß: ich bin alle Tage bei euch bis zum Ende der Welt.

Mt 28,18–20

Für den Menschen, der Gott und Christus im Glauben erkennt, ist die Taufe ein heilsnotwendiges Sakrament. Jesus sagt:

Wenn jemand nicht aus Wasser und Geist geboren wird, kann er nicht in das Reich Gottes kommen.

Joh 3,5–8

В КРЕЩЕНИИ СТАЛ ХРИСТИАНИНОМ

Что значит крещение и каково его действие?

Через крещение мы становимся членами Тела Христова и Церковь принимает нас в свои ряды.

Знаком таинства крещения является вода. Воду льют на голову крестника. Раньше крестника погружали в воду целиком. В таинстве крещения Иисус вступает с нами в нерасторжимый союз. Он искупает первородный грех, прощает нам наши личные грехи и дарует нам новую жизнь в Святом Духе.

Крещение совершается со словами:

> «Крещу тебя
> во имя Отца
> и Сына
> и Святого Духа».

Совершать таинство крещения может каждый человек, и это крещение будет иметь силу, но, за исключением экстренных случаев, крестить должны лишь священник или диакон.

Таким образом, Церковь действует по поручению воскресшего Христа, Который послал Своих учеников ко всем народам. Евангелие от Матфея заканчивается этим поручением:

> Дана Мне всякая власть на небе и на земле. Итак, идите, научите все народы, крестя их во имя Отца и Сына и Святого Духа, уча их соблюдать все, что Я повелел вам; и се, Я с вами во все дни до скончания века.

Мт. 28:18-20

Для человека, который в вере познает Бога и Христа, крещение - необходимое для спасения таинство. Иисус говорит:

> Если кто не родится от воды и Духа, не может войти в Царствие Божие.

Ин. 3:5-8

IN DER FIRMUNG: BESIEGELT MIT DER GABE GOTTES

Was bezeichnet und bewirkt die Firmung?

Das Zeichen des Firmsakramentes ist die Handauflegung und die Salbung durch den Bischof. Der Bischof zeichnet mit Chrisam ein Kreuz auf die Stirn des Firmlings.

Er spendet die Firmung mit den Worten:

„Sei besiegelt durch die Gabe Gottes, den Heiligen Geist."

Die Firmung vollendet die Taufe. In der Firmung stärkt Jesus Christus unseren Glauben durch die Kraft des Heiligen Geistes, damit wir als Christen leben und für Christus Zeugnis geben können.

Ein Segensgebet am Schluß der Firmfeier lautet:

Gütiger Gott, stärke und bewahre, was du in uns gewirkt hast. Erhalte die Gaben des Heiligen Geistes in den Herzen deiner Gläubigen, damit sie vor aller Welt Christus, den Gekreuzigten, bekennen, ihn lieben und seine Gebote erfüllen.
Durch ihn, Christus, unseren Herrn.

Unsere Taufe und Firmung sollen wir immer wieder erneuern. Wir sind berufen, „Salz der Erde" und „Licht der Welt" zu sein, wie Christus gesagt hat. Jeder Getaufte und Gefirmte ist berufen zum lebendigen Glaubenszeugnis. Ihm soll nicht der Vorwurf aus der Offenbarung des Johannes gelten:

Ich kenne deine Werke. Du bist weder kalt noch heiß. Weil du lau bist, weder heiß noch kalt, will ich dich aus meinem Mund ausspeien.

Offenbarung 3,15–16

В КОНФИРМАЦИИ: ЗАПЕЧАТЛЕН ДАРОМ БОЖИИМ

Что значит конфирмация и каково ее действие?

Знаком таинства конфирмации является возложение рук и помазание епископом. Епископ помазывает крестообразно лоб конфирманта миром.

Он совершает конфирмацию со словами:

> «Да будет на тебе печать дара Божия, Святого Духа».

Конфирмация является завершением таинства крещения. В таинстве конфирмации Иисус Христос укрепляет нашу веру силою Святого Духа, чтобы мы могли жить как христиане и свидетельствовать о Христе.

Молитва-благословение, которой завершается конфирмация, гласит:

> Боже милостивый, укрепи в нас и сохрани в нас то, что Ты сотворил в нас. Сохрани дары Святого Духа в сердцах Твоих верующих, чтобы они могли перед всем миром исповедать Христа распятого, любить Его и исполнять Его заповеди. Через Него, Христа, Господа нашего.

Мы должны вновь и вновь обновлять наше крещение и нашу конфирмацию. Мы призваны быть «солью земли» и «светом миру», как сказал Христос. Каждый крещенный и конфирмированный призван быть живым свидетельством веры. К нему не должен относиться укор в Книге Откровение Иоанна Богослова:

> Знаю твои дела: ты ни холоден, ни горяч... Но как ты тепл, а не горяч и не холоден, то извергну тебя из уст Моих.

Откр. 3:15-16

Die Erneuerung des Bundes Gottes mit den Menschen in der Eucharistie zieht die Glaubenden hinein in die drängende Liebe Christi und entzündet sie.

Zweites Vatikanisches Konzil

Liturgie ist der Gipfel, dem das Tun der Kirche zustrebt und zugleich die Quelle, aus der all ihre Kraft strömt.

Liturgiekonstitution, Nr. 10

Обновление завета Божия с людьми в евхаристии влечет верующих во всепоглощающую любовь Христову и зажигает их.

Второй Ватиканский собор

Литургия - это вершина, к которой стремится вся деятельность Церкви, и в то же время источник, из которого изливается вся её сила.

Постановление о литургии Nr. 10

WIR FEIERN DIE HEILIGE MESSE (EUCHARISTIE)

Was ist eigentlich eine heilige Messe?

In der heiligen Messe verkündet die Kirche alles, was Jesus gesagt und für uns getan hat. Jesus und sein Heilswerk werden gegenwärtig. So feiern wir sein Gedächtnis und freuen uns über seine Anwesenheit in unserer Mitte:

- Er richtet sein Wort an uns.
- Er gibt seinen Leib und sein Blut hin für uns.
- Er schenkt sich uns in den Gestalten von Brot und Wein.

Die heilige Messe ist

- das Gedächtnis unseres Herrn Jesus Christus
- das Opfer Christi und der Kirche
- das heilige Mahl
- das Fest unseres Glaubens

Die Worte, die Jesus beim letzten Abendmahl sprach, wiederholt der Priester in seinem Auftrag bei jeder Feier der heiligen Messe:

> Nehmet und esset alle davon:
> Das ist mein Leib,
> der für euch hingegeben wird.
> Nehmet und trinket alle daraus:
> Das ist der Kelch des neuen und ewigen Bundes, mein Blut, das für euch und für alle vergossen wird zur Vergebung der Sünden. Tut dies zu meinem Gedächtnis.

Zeichen der Eucharistie sind Brot und Wein. Sie werden bei der heiligen Messe in den Leib und das Blut Jesu Christi verwandelt.
In der Eucharistie vereinigt sich Christus mit uns und allen Gliedern seiner Kirche. Er gibt sich im Meßopfer dem Vater für uns hin. Er wird unser Opfer und unsere Speise.

In der Feier der Eucharistie dankt die Kirche Gott, dem Vater, durch den Sohn, in der Gemeinschaft des Heiligen Geistes.

Eucharistie heißt auf deutsch: Danksagung.
Das Wort „Messe" kann übersetzt werden mit „Aussendung". Die heilige Messe hat mancherlei Namen; einer der ältesten ist „heilige Versammlung"; denn in der heiligen Messe versammeln wir uns vor Gott; wir sagen Gott Dank in der Gemeinschaft mit Jesus Christus; wir feiern gemeinsam sein heiliges Opfer und lassen uns von ihm neu aussenden in die Welt.

МЫ СОВЕРШАЕМ СВЯТУЮ МЕССУ, ЕВХАРИСТИЮ

Что это, собственно, такое - святая месса?

Во время святой мессы Церковь возвещает все то, что Иисус сказал и сделал для нас. Она вспоминает Иисуса и Его дело во спасение человечества. Так мы празднуем Его память и радуемся Его присутствию среди нас:

– Он обращается к нам со Своим словом.
– Он отдает Свое Тело и Свою Кровь за нас.
– Он дарует нам Себя в хлебе и вине.

Святая месса это:

– память нашего Господа Иисуса Христа
– жертва Христа и Церкви
– святая трапеза
– праздник нашей веры

Слова, которые Иисус произнес во время последней Тайной Вечери, священник повторяет по Его поручению при праздновании каждой святой мессы.

> Приимите, ядите;
> сие есть Тело Мое, которое за вас предается.
> Приимите и пейте из нее все,
> сие есть чаша нового завета, Моя Кровь, за вас и за многих изливаемая во оставление грехов. Делайте это в память обо Мне.

Знаки евхаристии - это хлеб и вино. Во время святой мессы они претворяются в Тело и Кровь Иисуса Христа.
В евхаристии Христос становится единым с нами и со всеми членами Своей Церкви. В святых дарах Он предает Себя за нас Отцу. Он становится нашей жертвой и нашей пищей.

Совершая евхаристию, Церковь благодарит Бога Отца через Сына, совместно со Святым Духом.

Евхаристия в немецком и в русском значит в переводе с греческого: благодарность, признательность.
Слово «месса» можно перевести как «посылание». Святая месса имеет несколько названий, одно из самых древних «святое собрание», потому что во время святой мессы мы собираемся перед Богом; мы благодарим Бога за то, что мы причастились Иисуса Христа /имеем свою долю в Иисусе Христе/; мы совершаем совместно Его святую жертву и получаем от Него новое поручение - Он вновь посылает нас в мир.

WIE KANN ICH LERNEN, DIE HEILIGE MESSE RECHT MITZUFEIERN?

Heilige Messe feiern heißt:

- Wir versammeln uns um den auferstandenen Herrn.
- Wir hören sein Wort und nehmen es auf.
- Wir sagen Gott dem Vater Dank für seine Güte.
- Wir bringen mit Jesus Christus das heilige Opfer dar.
- Wir geben uns ihm ganz und gar hin.
- Wir werden eins mit Jesus Christus und untereinander.

Jesus spricht:

> Wo zwei oder drei in meinem Namen versammelt sind,
> da bin ich mitten unter ihnen.

Mt 18,20

Was die Christen bei der heiligen Messe feiern, ist nicht alles mit den Augen und den Ohren wahrnehmbar. Das Wichtigste ist sogar für die Augen unsichtbar.
Unsere Meßfeier wird geleitet durch den Priester, doch jeder ist beteiligt.
Der Ablauf der heiligen Messe ist von der Kirche geordnet.
Die heilige Messe hat zwei Hauptteile:
den Wortgottesdienst und die Eucharistiefeier, das Opfermahl unseres Herrn.
Wir nennen heute oft die ganze heilige Messe „Eucharistiefeier“, obwohl die eigentliche Eucharistiefeier erst mit der Gabenbereitung beginnt.

Die Feier der heilige Messe ist im „Gotteslob“ ausführlich dargestellt – die verschiedenen Hochgebete und die Meßlieder sind ab Nr. 352 wiedergegeben.

Ohne die *regelmäßige Mitfeier der heiligen Messe* wird ein Christ schwerlich im Glauben lebendig bleiben. Denn dazu gehört, was in der Messe geschieht:
die Gemeinschaft mit den Glaubenden
die Hinwendung zum Gott im Gebet
das Hören auf Gottes Wort
die Hingabe an Gottes Willen in der Gemeinschaft mit Christus
die Teilhabe an seinem Opfer und seinem Mahl
die Sendung und der Segen des Herrn.

КАК НАУЧИТЬСЯ ПРАВИЛЬНО СОУЧАСТВОВАТЬ В МЕССЕ

Совершать святую мессу - это значит:
- мы собираемся вокруг воскресшего Господа.
- мы слушаем Его слово и запоминаем его.
- мы благодарим Бога Отца за Его доброту.
- мы приносим вместе с Иисусом Христом святую жертву.
- мы полностью и совершенно предаем себя Ему.
- мы становимся едины с Иисусом Христом и друг с другом.

Иисус говорит:

> Где двое или трое собраны во имя Мое,
> там Я посреди них.

Мт. 18:20

Не все из того, что совершается во время святой мессы, можно видеть глазами. Более того, самое важное остается невидимым для глаза.
Наше участие в совершении мессы направляет священник, но участие в ней принимает каждый. Процедуру святой мессы устанавливает Церковь.
Святая месса состоит из двух главных частей:
проповеди и евхаристии.
Сегодня мы часто называем всю святую мессу «евхаристией», хотя собственно евхаристия начинается лишь с претворения Святых даров.

Совершение святой мессы подробно представлено в »Gotteslob« с Nr. 352 - есть различные молитвы и литургические песни.

BUSSE: FREUDE DER UMKEHR

Das Wort „Sünde" lieben wir nicht. Am ehesten wird es noch gebraucht im Zusammenhang mit Fehlern gegen die Umwelt oder bei „Alkoholmißbrauch". Gewiß kann man von Sünde sprechen beim unvernünftigen und ungerechten Verhalten eines Menschen. Aber Sünde ist immer auch ein Unrecht gegen Gott, seinen Willen, seine Absichten, seine Gebote und gegen die Gemeinschaft der Kirche.

Aber wieso hat mein verkehrtes Verhalten zu meinen Mitmenschen etwas mit Gott zu tun? Kann ich das nicht allein mit ihnen ausmachen, „bereinigen", „bewältigen"? Brauche ich dazu auch noch eine Verzeihung oder Vergebung durch Gott?

Die Offenbarung spricht davon, daß Gott sich um uns kümmert, vor allem um die Benachteiligten und die Schwachen, denen Unrecht getan wird. Jedes Vergehen gegen einen Mitmenschen ist immer auch ein Vergehen gegen den gemeinsamen Vater, der unter seinen Kindern Frieden und Recht will. Darum verlangt Gott selbst, daß wir von allem Bösen umkehren.

In der Umkehr von dem Bösen begegnen wir dem *barmherzigen Gott.* Er vergibt; und er will, daß auch wir vergeben. Das sagt die Bitte Jesu im Vaterunser: *„Vergib uns unsre Schuld, wie auch wir vergeben unsern Schuldigern."*

Aus Gottferne, aus einem sinnlosen Leben, aus Unrecht und Hartherzigkeit, aus Haß und Zorn und allem Bösen umkehren – das ist für uns Menschen oft sehr schwer. Aber Jesus sagt, daß über eine solche Umkehr „Freude im Himmel" ist. Eine solche Umkehr setzt auf seiten des Menschen Einsicht, Reue, neue Bereitschaft zum Guten (Vorsatz) und tatkräftige Wiedergutmachung voraus oder schließt sie ein.

Dieser Neuorientierung kommt der geduldige, langmütige Gott mit großer Erbarmung entgegen – das ist die Botschaft der ganzen Bibel. Gott vergibt gern, wenn er den Ernst der Umkehr, der Buße sieht.

Jesus hat dem reumütigen Sünder gesagt: Deine Sünden sind dir vergeben. Und er hat seinen Jüngern die Vollmacht zur Sündenvergebung – als österliches Sakrament – übertragen.

Der Evangelist Johannes berichtet vom Abend des Auferstehungstages:

> Am Abend dieses ersten Tages der Woche, als die Jünger aus Furcht vor den Juden die Türen verschlossen hatten, kam Jesus, trat in ihre Mitte und sagte zu ihnen: Friede sei mit euch! Nach diesen Worten zeigte er ihnen seine Hände und seine Seite. Da freuten sich die Jünger, daß sie den Herrn sahen. Jesus sagte noch einmal zu ihnen: Friede sei mit euch! Wie mich der Vater gesandt hat, so sende ich euch. Nachdem er das gesagt hatte, hauchte er sie an und sprach zu ihnen: Empfangt den Heiligen Geist! Wem ihr die Sünden vergebt, dem sind sie vergeben; wem ihr die Vergebung verweigert, dem ist sie verweigert.

Joh 20,19–23

ПОКАЯНИЕ: РАДОСТЬ ОБРАЩЕНИЯ

Мы не любим слово «грех». Его употребляют, разве что, когда речь идет об ошибках, совершенных в защите окружающей среды, или при «злоупотреблении алкоголем». Конечно, о грехах можно говорить при неразумном и несправедливом поведении человека. Но грех - это также всегда неправедное поведение по отношению к Богу, Его воле, Его намерениям и Его промыслу, по отношению к Его заветам и против единства Церкви, её общности.

Но *почему мое неправильное отношение к людям должно иметь какое-то отношение к Богу?* Разве я не могу сам разобраться с ними в этом, «уладить»? Нужно ли мне для этого еще какое-то прощение от Бога?

В откровении говорится о том, что Бог о нас заботится, прежде всего о слабых, о тех, кто обделен, по отношению к которым поступают несправедливо. Любое преступление против своих собратьев - это, одновременно, преступление против общего Отца, Который хочет, чтобы между Его чадами был мир. Поэтому Бог Сам требует, чтобы мы отвратились от всего злого и нечестивого.

Когда мы отвращаемся от всего злого и нечестивого, мы встречаем *милостивого Бога.* Он прощает, и Он хочет, чтобы и мы прощали. Об этом говорит просьба Иисуса в молитве «Отче наш»: *«прости нам долги наши, как мы прощаем должникам нашим».*

Обратиться от изолированности от Бога, от бессмысленной жизни, от несправедливости и жестокосердия, от ненависти и злобы, и от всего нечестивого - нам, людям, иногда очень трудно сделать это. Но Иисус говорит, что каждое такое обращение вызывает «на небесах радость». Такое обращение предполагает наличие у человека понимания, раскаяния и готовности к хорошему (намерение) и к активному исправлению.

Терпеливый, кроткий Бог встречает многомилостиво такое обращение - такова весть всей Библии. Бог с радостью прощает, когда видит, что это обращение, это раскаяние носит серьезный характер.

Иисус сказал кающемуся грешнику: прощены тебе грехи твои. И Он дал Своим ученикам - как пасхальное таинство - власть прощать грехи.

Евангелист Иоанн сообщает о вечере дня воскресения:

> В тот же первый день недели вечером, когда двери дома, где собирались ученики Его, были заперты из опасения от Иудеев, пришел Иисус, и стал посреди, и говорит им: мир вам! Сказав это, Он показал им руки и ноги и ребра Свои. Ученики обрадовались, увидев Господа. Иисус же сказал им вторично: мир вам! как послал Меня Отец, так и Я посылаю вас. Сказав это, дунул, и говорит им: примите Духа Святого. Кому простите грехи, тому простятся; на ком оставите, на том останутся.

Ин. 20: 19-23

Die Kirche hat von Jesus Christus den Auftrag erhalten, dieses österliche Geschenk der Versöhnung weiterzugeben.

Allen Menschen, die umkehren und wieder neu in Gottes Liebe leben wollen, zeigt die Kirche durch das Sakrament der Buße:

- Gott verzeiht dir;
- Gott nimmt dich als lebendiges Glied seiner Kirche wieder an;
- Gott versöhnt dich mit allen Gläubigen in der Gemeinschaft der Kirche.

Seid gütig zueinander, seid barmherzig, vergebt einander, weil auch Gott euch durch Christus vergeben hat.

Eph 4,32

Церковь получила от Иисуса Христа поручение передавать дальше этот пасхальный дар.

Всем людям, которые хотят обратиться и снова жить в любви Божией, Церковь показывает через таинство покаяния:

– Бог прощает тебе;
– Бог снова принимает тебя как живого члена Своей Церкви;
– Бог примиряет тебя со всеми верующими в общине Церкви.

Будьте друг ко другу добры, сострадательны, прощайте друг друга, как и Бог во Христе простил вас.

Еф. 4:32

DAS SAKRAMENT DER BUSSE: ERNEUTE VERGEBUNG DER SÜNDEN

Wer sein Leben ehrlich und ohne Selbsttäuschung betrachtet, wird bekennen müssen, daß er Gutes unterlassen und Böses getan hat, daß er gesündigt hat in Gedanken, Worten und Werken, durch eigene Schuld.
So sehr das oft schmerzlich und beschämend ist, so befreiend ist die Frohe Botschaft, daß Gott wie ein guter Vater jedem vergeben will, der seine Schuld bereut und um Vergebung bittet, freilich unter der Bedingung, die Jesus verkündet:

> Wenn ihr den Menschen ihre Verfehlungen vergebt, dann wird euer himmlischer Vater auch euch vergeben.
> Wenn ihr aber den Menschen nicht vergebt, dann wird euch euer Vater eure Verfehlungen auch nicht vergeben.

Mt 6,14–15

Jesus sagt dem Sünder: Geh hin und sündige nicht mehr.

Die Kirche kennt viele Möglichkeiten, von Gott Vergebung zu erlangen:
Bei der täglichen Gewissenserforschung können wir Gott, dem Vater, sagen, was wir nicht gut gemacht haben und wodurch wir unsere Mitmenschen verletzt und ihnen geschadet haben. Im Gebet bitten wir um Verzeihung und versprechen, daß wir bemüht sind, uns zu bessern. Dadurch sagen wir, daß wir bereit sind, Gottes versöhnende Liebe anzunehmen und daß wir uns auch wieder mit den Menschen versöhnen wollen.
Zu Beginn der heiligen Messe denken wir daran, wie wir vor Gott gelebt haben, und bitten durch das gemeinsame Schuldbekenntnis um Gottes vergebende Liebe.
In besonderer Weise schenkt Gott uns seine verzeihende Liebe im *Sakrament der Buße.* Es ist in der Kirche das heilige Zeichen, daß Gott den Menschen nicht verlorengehen läßt. Er bietet dem Sünder einen neuen Anfang an.

Wer das Bußsakrament empfangen will, der muß

- sich *besinnen* und sein Gewissen erforschen;
- seine Schuld *bereuen*;
- den Willen haben, sich zu *bessern*;
- die Sünden aufrichtig *bekennen*;
- bereit sein, für seine Sünden zu *büßen* und den angerichteten Schaden wiedergutzumachen.

ТАИНСТВО ПОКАЯНИЯ: НОВОЕ ПРОЩЕНИЕ ГРЕХОВ

Кто смотрит на свою жизнь без иллюзий и самообмана, должен будет признать, что он упустил возможность сделать хорошее и сделал дурное, что он согрешил в мыслях, словами и делами, по своей вине.

Как бы стыдно и болезненно это иногда ни было - тем более избавительное воздействие оказывает благая весть, что Бог, как хороший Отец, хочет простить каждого, кто раскаивается в своей вине и молит о прощении, конечно, при объявленном Иисусом условии:

> Если вы будете прощать людям прегрешения их, то простит и вам Отец ваш небесный.
> а если не будете прощать людям прегрешения их, то и Отец ваш не простит вам прегрешений ваших.

Мт. 6:14-15

Иисус говорит грешнику: иди и не греши больше.

Церкви известны многие возможности обрести прощение у Бога:

при ежедневной проверке своей совести говорить Богу Отцу, что мы сделали в этот день нехорошего и чем мы причинили обиду или ущерб нашим собратьям. В молитве просим мы прощение и обещаем, что мы стараемся исправиться. Тем самым мы говорим, что готовы принять умиротворительную любовь Божию, и что мы также хотим опять примириться с людьми.

В начале святой мессы мы думаем о том, как мы жили перед Богом, и просим, в совместном с другими признании вины, о прощающей любви Божией.

Совершенно особым образом дарует нам Бог Свою прощающую любовь в *таинстве покаяния*. В Церкви это священный знак того, что Бог не дает человеку пропасть. Он предлагает грешнику начать все сначала.

Кто хочет принять таинство покаяния, должен

- *продумать все и проверить* свою совесть;
- раскаяться в своей *вине*;
- иметь желание и волю *исправиться*;
- честно *признать* свои грехи
- быть готовым *искупить* свой грех и исправить причиненный ущерб.

Die Beichte ist ein österliches Sakrament: Sie ist Befreiung und Auferstehung aus der Niederlage und dem Tod der Sünde. Darum sollen und dürfen wir gerne beichten.
Eine Beichthilfe ist ein Gewissensspiegel. Zwar ist Gewissenserforschung eine ganz persönliche Sache. Jeder muß sein Leben, sein Verhalten in Familie, Umwelt und menschlicher Gemeinschaft selber bedenken. Kein Gewissensspiegel (Beichtspiegel) kann das ganze Leben erfassen. Er gibt nur Anregungen (vgl. Gotteslob S. 118–141).

Was geschieht in der Beichte?

Das Zeichen des Bußsakramentes ist das reumütige Bekenntnis des Sünders und die Lossprechung durch den Priester. Der Priester spricht den Menschen, der seine Sünden bereut und bekennt und den Vorsatz hat, nicht mehr zu sündigen, im Auftrag Jesu Christi und der Kirche von aller Schuld frei.
Im Bußsakrament versöhnt uns Christus durch den Dienst der Kirche mit Gott. Er verzeiht uns die Sünden und schenkt uns Vergebung. So werden wir fähig, uns mit unseren Mitmenschen zu versöhnen.

Der Priester spricht:

Gott, der barmherzige Vater, hat durch den Tod und die Auferstehung seines Sohnes die Welt mit sich versöhnt und den Heiligen Geist gesandt zur Vergebung der Sünden. Durch den Dienst der Kirche schenke er dir Verzeihung und Frieden.
So spreche ich dich los von deinen Sünden – im Namen des Vaters und des Sohnes und des Heiligen Geistes.
Amen

Wir wissen, daß kein Mensch ohne Sünde lebt. Darum lädt die Kirche ihre Gläubigen zur häufigen Beichte ein;
- die Beichte hilft uns, unsere Fehler besser zu erkennen und zu überwinden;
- sie schenkt uns Frieden mit Gott und den Menschen;
- sie stärkt uns in der Gewissensbildung und macht uns froh;
- sie schenkt uns die Gnade Gottes, die Sünde zu meiden;
- sie trägt zur Vertiefung des Glaubens bei;
- sie läßt uns die heilige Kommunion würdig empfangen.

Laß dich nicht vom Bösen besiegen,
sondern besiege du das Böse durch das Gute.

Röm 12,21

Исповедь - это пасхальное таинство: она - освобождение и воскресение после поражения и греховной смерти. Поэтому мы должны и имеем возможность радостно исповедаться.

Помощь в исповеди - зеркало совести. Правда, исследование совести - это чисто личное дело. Каждый человек должен сам продумывать свою жизнь, свое поведение в семье, в окружении и в человеческом обществе. Никакое зеркало совести (зеркало исповеди) не может вместить всю жизнь. Для этого есть только побуждения (сравни Готтеслоб стр. 118-141).

Что происходит при исповеди?

Знаком таинства покаяния является раскаяние и признание грешника и отпущение грехов священником. По поручению Иисуса Христа и Церкви священник снимает всякую вину с человека, который раскаивается и признается в своих грехах и у которого есть намерение больше не грешить.

В таинстве покаяния Иисус Христос примиряет нас через служение Церкви с Богом. Он прощает нам грехи и дарует нам прощение. Это дает нам способность примириться с нашими собратьями.

Священник говорит:

Боже, милосердный Отец, примирил с Собой мир через смерть и воскресение Своего Сына и послал Святого Духа для прощения грехов. Через служение Церкви дарует Он тебе прощение и мир.
Поэтому я освобождаю тебя от твоих грехов - во имя Отца и Сына и Святого Духа.
Аминь.

Мы знаем, что ни один человек не живет безгрешно. Поэтому Церковь приглашает своих веруюших исповедываться часто;

- исповедь помогает нам лучше осознать и преодолеть свои грехи;
- она дарует нам мир с Богом и с людьми;
- она укрепляет нас в формировании нашей совести и делает нас радостными и счастливыми;
- она дарует нам благодать Божию избегать грехов;
- она содействует углублению нашей веры;
- она дает нам возможность достойно принять причастие.

Не будь побежден злом,
но побеждай зло добром.

Рим. 12:21

KRANKENSALBUNG: DER HERR STEHT MIR BEI

In der Krankheit, unter Schmerzen und Beschwerden, ja in Todesgefahr wissen wir uns arm und vielfältiger Hilfe bedürftig.
Da ist es tröstlich, daß uns Gott auch in dieser Lage nahe sein will und uns nicht verläßt. Schon in der Kirche der Apostel galt:

> Ist einer von euch bedrückt? Dann soll er beten. Ist einer fröhlich? Dann soll er ein Loblied singen. Ist einer von euch krank? Dann rufe er die Ältesten der Gemeinde zu sich; sie sollen Gebete über ihn sprechen und ihn im Namen des Herrn mit Öl salben. Das gläubige Gebet wird den Kranken retten, und der Herr wird ihn aufrichten; wenn er Sünden begangen hat, werden sie ihm vergeben.

Jak 5,13–15

Wozu die Krankensalbung?

- In der Krankensalbung stärkt uns Christus in Krankheit und Lebensgefahr. Er befreit den Kranken von seiner Schuld und hilft ihm, sein Leiden nach dem Vorbild Jesu tapfer zu ertragen.
- Das Zeichen der Krankensalbung ist die Salbung an Stirn und Händen mit heiligem Öl.
- Der Priester legt dem Kranken die Hände auf; er salbt ihn und betet dabei:

> Durch diese heilige Salbung helfe dir der Herr in seinem reichen Erbarmen; er stehe dir bei mit der Kraft des Heiligen Geistes. Der Herr, der dich von Sünde befreit, rette dich; in seiner Gnade richte er dich auf.

Wenn der Priester zu einem Kranken gerufen wird, spendet er ihm gewöhnlich auch das Sakrament der Buße und die heilige Kommunion. Ein solcher Krankenbesuch heißt „Versehgang“.

ПОМАЗАНИЕ БОЛЬНЫХ: ГОСПОДЬ ПОМОГАЕТ НАМ

Во время болезни, когда у нас боли и трудности, когда нам грозит даже смерть, мы чувствуем себя несчастными и нуждающимися в помощи. Поэтому утешительно, что даже когда мы в таком положении, Бог хочет быть близок нам и не покидает нас. Уже в Церкви Апостолов существовал такой принцип:

> Злостраждет ли кто из вас, пусть молится. Весел ли кто, пусть поет псалмы. Болен ли кто из вас, пусть призовет пресвитеров Церкви, и пусть помолятся над ним, помазав его елеем во имя Господне. И молитва веры исцелит болящего, и восставит его Господь; и если он соделал грехи, простятся ему.

Иак. 5:13-15

Для чего помазание больных?

- В помазании больных Христос укрепляет нас, когда мы больны и находимся в опасности для жизни. Он освобождает больного от его вины и помогает ему смело выносить, по примеру Иисуса, трудности жизни
- знаком помазания больных является помазание лба и рук священным маслом, елеем.
- священник возлагает на больного руки; он помазывает его и молится при этом.

> Через это священное помазание да поможет тебе Господь в Своей безграничной милости; да поможет Он тебе силою Святого Духа. Господь, Который освобождает тебя от греха, спасает тебя; в Своей благодати/милости Он восставит тебя.

Когда священника призывают к больному, он обычно совершает над ним таинства покаяния и причастия. Такое посещение больного называется «соборование».

PRIESTERWEIHE UND ORDENSSTAND – DIENSTAMT UND RÄTESTAND

Was heißt das: Christen sind berufen?

Christsein heißt berufen und gesalbt sein – aber nicht alle Christen sind zum gleichen Dienst berufen. Alle Getauften und Gefirmten haben Anteil am Priestertum Jesu Christi: Sie sollen ihr Leben vor Gott heilig führen, Gottes Willen erfüllen und von seiner Wahrheit Zeugnis geben.
Dieses gemeinsame Priestertum aller Getauften soll in der Welt wirken wie „Salz der Erde“ und „Licht der Welt“ – wie Jesus in seiner Bergpredigt gesagt hat.
Es gibt aber im Volk Gottes besondere Berufungen:

- zum Aufbau der Gemeinde, zum Dienst am Volk Gottes gibt es das priesterliche *Dienstamt;*
- in der Nachfolge Christi gibt es den *Rätestand* – der in freigewählter Besitzlosigkeit, Ehelosigkeit und Übergabe des eigenen Willens an einen kirchlichen Oberen Christus in ganzer Hingabe nachfolgen will – gemäß den „evangelischen Räten“.

Laßt uns ständig beten um gute Priester! Herr, sende Arbeiter in deine Ernte.

Durch die Priesterweihe wird der Erwählte zum Dienst Christi und der Kirche bestellt. Christus gibt dem Geweihten die Vollmacht zur Verkündigung der Frohen Botschaft, zum Hirtendienst und zur Feier der Sakramente und des Gottesdienstes mit den Gläubigen. Er schenkt die Gnade zu einem priesterlichen Leben und Wirken.
Das Zeichen der Priesterweihe ist die Handauflegung des Bischofs auf das Haupt derer, die zum Priestertum erwählt sind. Auch die anwesenden Priester legen ihnen die Hände auf.

Aus dem Weihegebet der Priesterweihe:

> Allmächtiger Gott, wir bitten dich:
> Gib deinen Knechten die priesterliche Würde. Erneuere in ihnen den Geist der Heiligkeit. Gib, o Gott, daß sie festhalten an dem Amt, das sie aus deiner Hand empfingen; ihr Leben sei für alle Ansporn und Richtschnur. Segne, heilige und weihe deine Diener, die du erwählt hast. – Wir bitten dich, erhöre uns.

РУКОПОЛОЖЕНИЕ В САН И ОРДЕНСКОЕ ЗВАНИЕ – ЦЕРКОВНОЕ СЛУЖЕНИЕ И ЦЕРКОВНОЕ БЕЗБРАЧИЕ

Что это значит: христиане призваны?

Быть христианином - значит быть призванным и помазанным, но не все христиане призваны для одинакового служения. Все крещёные и конфирмированные имеют часть в священстве Иисуса Христа: они должны свято жить пред Богом, исполнять волю Божию и свидетельствовать Его правду.

Это общее священство всех крещеных должно действовать в мире как «соль земли» и как «свет миру» - как сказал Иисус в Своей Нагорной проповеди.

Но в народе Божием существуют еще и особые призвания:

– для создания общины, для служения народу Божьему существует
  церковное служение ;
– в наследовании Иисуса Христа есть люди, избравшие бедность, церковное безбрачие и вручение своей воли главе Церкви, чтобы следовать Христу в полной преданности Ему.

Будем всегда молиться о хороших священниках! Господи, пошли работников на Твою жатву.

Через возложение рук избранный назначается на служение Христу и Церкви. Христос дает избранному полномочия для провозглашения благой вести, для пастырского служения и для совершения таинств и богослужения с верующими. Он дарует благодать для жизни и деятельности священника.

Знаком рукоположения в сан является возложение епископом рук на головы тех,которые были избраны на священническое служение. Присутствующие при этом священники тоже возлагают на них руки.

Из молитвы освящения при рукоположении в сан:

> Всемогущий Боже, молим Тебя:
> Дай сим рабам священнический сан. Обнови в них дух святости. Дай, о Боже, чтобы они оставались верными этому сану, который они получили из Твоей руки; да будет их жизнь побуждением и мерилом для всех. Благослови, освяти и посвяти Твоих слуг, которых Ты избрал. - Мы просим Тебя, услышь нас.

Durch den Eintritt in einen Orden oder eine geistliche Gemeinschaft weiht sich der oder die Berufene dem Dienst Gottes und an den Brüdern und Schwestern in der Weise eines besonderen Zeugnisses: als Mönch, als Missionar, als Ordensbruder, als Schwester.
Es gibt in der Kirche viele Orden und geistliche Gemeinschaften. Durch sie ist viel Gutes bewirkt worden in Seelsorge und Krankendienst, in Schule und Mission und besonders im stillen Gebet. Ihre Gründer und Heiligengestalten sind exemplarische Gestalten für alle Christen. Das sind Männer und Frauen wie Benedikt, Franziskus, Dominikus, Ignatius, Vinzenz von Paul, Scholastika, Klara, Teresa von Avila, Maria Ward und sehr viele andere.
Exemplarische Gestalten der letzten hundert Jahre sind etwa Theresia Maria Gerhardinger, die Gründerin der Armen Schulschwestern; Peter Friedhofen, der einen Brüderorden zur Krankenpflege gründete; der Jesuitenpater Rupert Mayer, der als Männerseelsorger in München dem Ungeist der Zeit widerstand; Edith Stein, die als deutsche Jüdin und Karmelitin von den Nationalsozialisten in Auschwitz ermordet wurde, Maximilian Kolbe, der sein Leben im KZ für einen Mithäftling opferte.

Bete und arbeite!

(Wahlspruch der Benediktiner)

Gott allein die Ehre!

(Dominikus)

Alles zur größeren Ehre Gottes!

(Ignatius)

Gott allein genügt!

(Theresa von Avila)

Alle Werke Gottes gehen leidvoll,
dann aber stehen sie desto fester
und blühen desto herrlicher auf.

(Theresia von Jesu Gerhardinger).

Вступая в какой-нибудь орден или в духовное общество, призванный или призванная посвящает себя служению Богу, - служа братьям и сестрам, - через особое свидетельство, как монах, как миссионер, как член ордена, как сестра.

В Церкви существует много орденов или духовных обществ. Через них было сделано много хорошего в заботе по спасению душ и в уходе за больными, в школах, и в миссиях, и, в особенности, в тихой молитве. Их основатели и образы святых - примеры для всех христиан. Это такие мужчины и женщины, как Бенедикт, Франциск, Доминик, Игнатий, Винценц фон Пауль, Схоластика, Клара, Тереза Авильская, Мери Уорд и многие, многие другие.

Примерами за последние сто лет являются, например, Терезия Мария Герхардингер, основательница *Бедных школьных сестер-учительниц*; Петер Фридхофен, основатель ордена братьев для ухода за больными; патер-иезуит Руперт Майер, который был попечителем душ в Мюнхене и боролся против бездуховности своего времени; Эдит Штейн, которая, как немецкая еврейка и член ордена кармелитов, была убита национал-социалистами в Аушвице; Максимилиан Кольбе, пожертвовший в концентрационном лагере свою жизнь за другого заключенного.

Молись и работай!

(Лозунг бенедиктинцев)

Одному Богу слава!

(св. Доминик)

Всё к высшей славе Божией!

(св. Игнатий)

Один Бог удовлетворяет!

(Тереза Авильская)

Все дела Божии идут скорбно,
зато стоят они потом прочнее
и тем чудеснее расцветают.

(Тереза фон Иисус Герхардингер)

EHE UND FAMILIE – IN CHRISTUS VERBUNDEN

Die Familie ist die „Keimzelle“ der menschlichen Gesellschaft. Nirgendwo sonst lernen wir so gut wie hier einander annehmen und zusammenhalten. Nirgendwo lernen wir Rücksichtnahme aufeinander, Hilfsbereitschaft und gegenseitiges Vergeben besser als in der Gemeinschaft der Familie.
Wenn Mann und Frau sich zum Bund der Ehe zusammentun und eine Familie gründen, will Gott mit seinem Segen – im heiligen Zeichen dieser Verbindung – zugegen sein.

Was bezeichnet und bewirkt das Ehesakrament?

Das Zeichen der Ehe ist das gegenseitige Versprechen von Mann und Frau, ein ganzes Leben lang in Liebe und Treue verbunden zu bleiben. Sie legen ihr Versprechen in der Gemeinschaft der Kirche ab, das heißt vor dem zuständigen Priester und den Trauzeugen.
In der Ehe verbindet Christus Mann und Frau zu einem heiligen, unauflöslichen Bund. Die Eheleute erhalten im Sakrament von Gott die Gnade und Kraft, ihre Aufgaben in Ehe und Familie erfüllen zu können.

Ein Gebet der Eheleute:

> Herr, wir haben zueinander ja gesagt.
> Die Liebe kennt keine Furcht, sie kann für immer ja sagen. Danke, Herr, für diese Liebe. Danke, daß du durch das Sakrament der Ehe bei uns bist. Laß uns einander treu sein.

Die Eltern sollen für ihre Kinder und die Kinder für ihre Eltern beten.
Die Kinder sind ein Geschenk und Auftrag Gottes an ihre Eltern und an uns alle.
Gute Eltern sind ein Segen für ihre Kinder. Ihr Beispiel prägt das Verhalten der Kinder mehr als viele andere Einflüsse, die auf sie einwirken. Ihr Beispiel wiegt mehr als Worte und Befehle. Für die Familie gilt in besonderer Weise: *an Gottes Segen ist alles gelegen.*

БРАК И СЕМЬЯ - СВЯЗАНЫ УЗАМИ ВО ХРИСТЕ

Семья - зародыш человеческого общества. Нигде не учимся мы лучше, чем здесь, заботиться друг о друге и держаться вместе. Нигде не учимся мы так считаться друг с другом, готовности к взаимопомощи и взаимному прощению, как в семейной общности.

Когда мужчина и женщина вступают в брачный союз, чтобы основать семью, Бог хочет присутствовать при этом Своим благословением - в священном знаке этого союза.

Что значит таинство брака и каково его действие?

Знак брака - это обоюдное обещание мужчины и женщины всю жизнь оставаться связанными узами любви и верности друг другу. Они дают свое обещание в присутствии церковной общины, то есть, перед компетентным священником и свидетелями.

В браке Иисус соединяет мужа и жену в священном, нерасторжимом союзе. В таинстве супруги обретают от Бога благодать и силу исполнить свои задачи в браке и в семье.

Молитва супругов:

Господи, мы дали друг другу согласие.
Любовь не знает страха, она может дать согласие навечно.
Спасибо Тебе, Господи, за эту любовь. Спасибо, что Ты с нами через таинство брака. Дай нам быть верными друг другу.

Родители должны молиться за своих детей, а дети - за своих родителей.

Дети - это дар Божий и Его поручение родителям и нам всем. Хорошие родители - благословение для своих детей. Пример родителей откладывает на поведение детей больший отпечаток, чем многие другие обстоятельства, оказывающие на них влияние. Их пример воздействует лучше, чем слова и приказы. К семье это имеет особое отношение: *без Бога ни до порога, а с Богом и за море.*

IV. Wie leben wir als Christen in der Welt?

IV. *Как живем мы, как христиане, в миру?*

Wenn alle Menschen gläubig wären und ihren Glauben wirklich lebten – was wäre dann?

Dann gingen wir allesamt brüderlich und schwesterlich miteinander um; wir suchten den Frieden; wir würden einander helfen und keinen ungerecht behandeln. Ein gutes Stück des Unheils in dieser Welt wäre verschwunden. Es gäbe weniger Angst, weniger Hoffnungslosigkeit, weniger Verlassenheit, weniger Zwietracht in ihr. Sie wäre immer noch kein Paradies, aber sie wäre „menschenwürdiger". Sie entspräche mehr dem Reich Gottes.
Freilich, das ist eine immer wieder geträumte Utopie, daß der Mensch dem Menschen ein Freund wird ... Aber nach wie vor sind Menschen eigensüchtig, rücksichtslos, ungerecht, unfriedlich. Der Mensch kann dem Menschen ein Wolf sein, und Christen können unchristlich miteinander umgehen.
Darum kann es nicht anders sein, als daß wirkliche Christen in dieser Welt auffallen: sie sind anders. Von ihnen geht Friede aus. Sie bringen Zuversicht und Hoffnung, und sie werden für andere zum Anstoß, zum Zeichen des Widerspruchs. Darin werden sie Christus ähnlich.

Worin unterscheidet sich der Christ?

Der Christ hat sich in die Nachfolge Jesu Christi begeben mitten in dieser Welt.
Diesen Weg hat er begonnen durch Glaube und Taufe. Der Erwachsene, der umkehrt und der zum Glauben kommt, besiegelt die Umkehr durch die Taufe, den sakramentalen Anschluß an Jesus Christus. In der gläubigen Familie werden die Kinder frühzeitig in den Lebensbereich mit Jesus Christus hineingetauft.
Die Nachfolge Christi verwirklicht sich in den drei göttlichen Tugenden *Glaube, Hoffnung und Liebe;* sie baut auf den vier menschlichen Grundtugenden auf: *Klugheit, Gerechtigkeit, Tapferkeit, Zucht und Maß.*
Diese vier heißen *Kardinaltugenden* (Cardo = die Türangel; alles dreht sich um sie).

ОБРАЗ ХРИСТИАНИНА

Если бы люди верили и жили по своей вере - что было бы тогда?

Тогда мы все обращались бы друг с другом как братья и сестры; мы искали бы мира; мы помогали бы друг другу, и обращались бы со всеми справедливо. Добрая доля несправедливости исчезла бы в мире. В нем было бы меньше страха, меньше чувства безнадежности, меньше раздора и разлада. Он все еще не был бы раем, но он был бы более «достоин человека». Он более соответствовал бы Царствию Божию.

Конечно, это утопия, о которой снова и снова мечтают люди, чтобы человек стал человеку другом... Но люди по-прежнему эгоистичны, беспощадны, несправедливы, склочны и склонны к распрям. Человек может быть человеку волком, и христиане могут обходиться друг с другом не по-христиански.

Поэтому нет ничего странного в том, что настоящие христиане бросаются в этом мире в глаза: они другие. От них исходит мир. Они приносят уверенность и надежду, и они становятся камнем преткновения для других, знаком противоречия. Тогда они становятся похожими на Христа.

Чем отличается христианин?

Христианин стал в самой гуще этого мира подражателем Иисуса Христа.

На этот путь он встал через веру и крещение. Взрослый, который обратится и придет к вере, закрепляет свое обращение крещением, таинственным контактом с Иисусом Христом. В верующей семье детей уже рано крестят в образ жизни Иисуса Христа.

Подражание Христу реализуется в трех Божественных добродетелях: *вере, надежде и любви;* они основаны на четырех основных человеческих добродетелях: *уме, справедливости, смелости, дисциплине и чувстве меры.*

Эти четыре добродетели называются *кардинальными добродетелями* (от лат. кардо - дверная петля) вокруг которых все вертится.

GLAUBE, HOFFNUNG UND LIEBE
– wieso sind das „göttliche Tugenden“?

Das Wort Tugend kommt von taugen. Wenn wir Glaube, Hoffnung und Liebe als die drei göttlichen Tugenden bezeichnen, so heißt das: Es sind die gottgeschenkten Fähigkeiten, die uns ein christliches Leben überhaupt erst ermöglichen; uns dafür „tauglich“ machen. Wir sollen um diese Fähigkeiten bitten, weil wir sie aus eigener Kraft nicht besitzen und aus ihnen zu leben vermögen.

Im Glauben gewahren wir die Wirklichkeit Gottes, werden berührt, durchdrungen und überzeugt von seinem Wort und ergreifen seine Gnade. Wir geben damit Gott, was ihm zukommt: unser Vertrauen, unsere Ehrfurcht und Anbetung. Wir lernen dem Leben trauen, weil Gott es mit uns lebt.

Der Glaube ist der Anfang und „die Wurzel der Rechtfertigung“ – daß nämlich der Mensch vor Gott in die rechte Verfassung kommt. „Ohne Glauben ist es unmöglich, Gott zu gefallen.“ (Hebr 11,6)

Aus dem Glauben erwächst die Hoffnung auf Gott und blüht die Liebe zu ihm auf, die auch den Nächsten einschließt.
Sinnbild des Glaubens ist *das Kreuz Christi.*

Die Hoffnung ist die über die natürlichen Kräfte des menschlichen Herzens hinausgehende Zuversicht, daß es mit unserem Leben und mit der Welt, die Gott geschaffen hat, ein gutes Ende nehmen wird, was immer auch geschehen mag. Sie verankert sich in der in Christus geoffenbarten Zuneigung und Barmherzigkeit Gottes des Vaters für uns Menschen und baut so nicht nur in dieser Welt auf die Treue und Vergebung Gottes, sondern reicht hinüber ins ewige Leben.
Sinnbild der Hoffnung ist *der Anker.*

ВЕРА, НАДЕЖДА И ЛЮБОВЬ
- почему это »Божественные добродетели«?

Слово «добродетель» происходит от «доброе дело», в немецком также от «годиться, быть пригодным». Когда мы называем веру, надежду и любовь Божественными добродетелями, это значит - это дарованные Богом способности, которые вообще делают нас способными для ведения христианского образа жизни, делают нас »пригодными« для нее. Мы должны молиться об этих добродетелях, потому что мы сами ими не обладаем и лишь с ними способны вести такой образ жизни.

В *вере* обнаруживаем мы реальность существования Бога, нас затрагивает Его Слово, оно проникает в нас, оно убеждает нас, и нас захватывает Его благодать. Тем самым мы отдаем Богу то, что Ему надлежит: наше доверие, наше благоговение и наше почитание. Мы учимся доверять жизни, потому что её живет с нами Бог.

Вера есть начало и «корень оправдания» - то есть, человек обретает настоящий статус перед Богом. «Без веры угодить Богу невозможно» (Евр.11:6.).

Из веры произрастает надежда на Бога и расцветает в любви к Нему, которая распространяется и на ближнего.
Символ веры - *Крест Христов.*

Надежда - это выходящая за пределы естественных сил человеческого сердца уверенность в том, что в нашей жизни и в сотворенном Богом мире будет хороший конец, что бы ни произошло. Эта надежда основана на открывшихся в Христе благосклонности и милосердии Бога Отца к нам, людям, и, тем самым, распространяется не только на верность Бога и Его прощение грехов в этом мире, но и на жизнь вечную.
Символ надежды - якорь.

Die Liebe ist die Antwort des gläubigen Herzens auf die Größe und Güte Gottes. Sie ist „ausgegossen in unsere Herzen“ durch den Gottesgeist und macht uns fähig, an der Gesinnung Gottes zu unseren Mitmenschen teilzuhaben: ja zu ihnen zu sagen, ihr Heil zu wünschen und zu fördern. Die Liebe ist die höchste christliche Tugend; so besingt sie Paulus im Hohen Lied der Liebe. Der Glaube geht einst ins Schauen über, die Hoffnung in Erfüllung und Besitz, die Liebe aber bleibt ewig.
Sinnbild der Liebe ist *das Herz*.

Die drei göttlichen Tugenden

O mein Gott und Herr!
Ich glaube alles, was du geoffenbart hast
und durch deine heilige Kirche uns zu glauben lehrst,
weil du der wahrhafte Gott bist.
Vermehre, o Gott, meinen Glauben!

O mein Gott und Herr!
Ich hoffe von dir die Verzeihung meiner Sünden,
deine Gnade und endlich die ewige Seligkeit,
weil du, o gütiger und getreuer Gott,
dieses alles versprochen hast.
Stärke, o Gott, meine Hoffnung!

O mein Gott und Herr!
Ich liebe dich von ganzem Herzen und über alles,
weil du der unendlich gute Gott bist.
Aus Liebe zu dir liebe ich auch meinen Nächsten wie mich selbst.
Entzünde meine Liebe!

Любовь - это ответ верующего сердца на величие и доброту Бога. Она «излилась в сердца наши» Святым Духом Божиим и дает нам способность принять участие в обращении мыслей других людей к Богу, даже сказать им, чтобы они возжелали своего спасения, и способствовать ему. Любовь - высшая христианская добродетель; так описывает её Ап. Павел в Песне песней любви. Вера переходит в любовь, надежда - в исполнение и обладание, а любовь пребывает вечно.
Символ любви - сердце.

Три Божественные добродетели

О мой Бог и Господь!
Я верю во все, что Ты открыл
и через Твою святую Церковь учишь нас верить,
потому что Ты истинный Бог.
Услышь, о Боже, мою веру!

О мой Бог и Господь!
Я надеюсь, что Ты простишь мне мои грехи,
на Твою благодать и, наконец, на вечное блаженство,
потому что Ты, милосердный и верный Боже,
все это обетовал.
Укрепи, о Боже, мою надежду!

О мой Бог и Господь!
Я люблю Тебя всем сердцем и превыше всего,
потому что Ты бесконечно милостивый Бог.
Из любви к Тебе я люблю и ближнего моего, как самого себя.
Зажги мою любовь!

DIE KARDINALTUGEND DER KLUGHEIT

Arbeit und Freizeit, allein sein und mit anderen zusammen sein, daheim sein und auswärts sein – in aller Vielfalt unseres alltäglichen Lebens müssen wir uns immer wieder entscheiden, was wir tun und lassen, wie wir uns verhalten sollen. Ob unser Leben Sinn hat, ob wir für andere hilfreiche und wertvolle Entscheidungen treffen, ob wir selber über unser Tun und Lassen reuelos glücklich sein können – das alles ergibt sich aus der Summe unserer alltäglichen Verhaltensweisen.

Wie können wir immer wieder richtig entscheiden? Was ist die Voraussetzung für rechtes Handeln?

Wir werden unsere Urteile aus der Erkenntnis der Wirklichkeit sachgerecht fällen oder uns im Falle von Unkenntnis und Zweifel recht beraten lassen.

Darin besteht die Tugend der Klugheit.

- Sie hat nichts zu tun mit der Schlauheit oder Gerissenheit des „klugen“ Erfolgsmenschen, denn sie ist selbstlos und sieht nicht nur auf den eigenen Vorteil. Sie hat immer die anderen, die Mitmenschen, wohlwollend und fair im Auge.
- Sie verhilft uns zum richtigen Spruch unseres Gewissens, weil sie sich an der vom Glauben erleuchteten Erkenntnis der Wirklichkeit orientiert.
- Sie sieht die richtigen Maßstäbe, um gerecht handeln zu können; sie zeigt uns die Gefahren, die wir tapfer bestehen müssen; sie hält uns zurück vor maßlosem oder zuchtlosem Tun, das uns und andere zerstören würde.

Eine Lebensweisheit lautet: Was du auch tust, handle klug, und bedenke das Ende!

Schon im Alten Testament steht:

Was du nicht willst, daß man dir tu’, das füg auch keinem andern zu!

Manchmal sind wir im Zweifel, wie wir uns entscheiden sollen. Dann müssen wir gründlich nachdenken, gute Menschen um Rat fragen und zu Gott beten. Unser Gewissen muß so gebildet und erleuchtet werden.
Wer tut, was sein Gewissen ihm sagt, handelt richtig. Selbst wenn sich später zeigen sollte, daß er sich getäuscht hat, so hat er doch vor Gott nicht falsch gehandelt. Gott will, daß wir unserem Gewissen folgen.
Ohne die Klugheit, die aus Vernunft und Glauben urteilt, kann keiner gut und gewissenhaft handeln.
Ein bekannter Spruch des heiligen Don Bosco zeigt, daß die Klugheit mit der Fröhlichkeit gepaart sein sollte. Er empfiehlt:

Fröhlich sein, Gutes tun und die Spatzen pfeifen lassen.

КАРДИНАЛЬНАЯ ДОБРОДЕТЕЛЬ УМА

В работе и на досуге, когда мы в одиночестве и когда мы вместе с другими, дома и вне дома - во всем многообразии нашей будничной жизни мы всегда должны принимать какие-нибудь решения: что мы сделаем и что мы оставим, как нам себя вести. Имеет ли наша жизнь смысл, принимаем ли мы решения, полезные и ценные для других, можем ли мы быть счастливы и не раскаиваться в том, что мы делаем и не делаем - все это результат нашего каждодневного поведения.

Как можем мы снова и снова принимать правильные решения? Каковы предпосылки правильных действий?

Мы принимаем нужные решения исходя из знания реальности, а в случае незнания или неуверенности, получив хороший и правильный совет.

Добродетель ума заключается в следующем:

- она не имеет ничего общего с хитростью или ловкостью «умного» удачника, потому что она носит альтруистический характер и не видит во всем лишь свою выгоду. Она всегда имеет в виду других, собратьев - доброжелательно и справедливо.
- Она помогает нашему сознанию принять правильное решение, потому что исходит из просвещенного верой знания действительности.
- Она видит правильные масштабы, чтобы иметь способность действовать справедливо; она показывает нам опасности, которые мы должны смело преодолеть; она удерживает нас от чрезмерных и дерзких действий, которые могут погубить нас и других.

Житейская мудрость гласит: что бы ты ни делал - действуй мудро и помни, каким должен быть конец.

Уже в Ветхом Завете стоит:

Не делай другому того, чего не желаешь себе!

Иногда мы начинаем сомневаться: как поступить. Тогда мы должны хорошо подумать, спросить совета у хороших людей и помолиться Богу. Это должно наставить и просветить наше сознание.

Правильно поступает тот, кто делает то, что ему говорит его сознание. Даже если позже выяснится, что он заблуждался, тогда он все же не поступил плохо перед Богом. Бог хочет, чтобы мы следовали нашему сознанию.

Никто не может действовать хорошо и добросовестно без ума, который решает, исходя из разумности и веры.

Известное изречение святого Дон Боско показывает, что ум всегда должен идти рука об руку с радостью. Он рекомендует: *Радоваться, делать добро и не мешать чирикать воробьям.*

DIE KARDINALTUGEND DER GERECHTIGKEIT

Gerecht nennt die Bibel einen Menschen, der vor Gott recht handelt, d. h. die Weisungen Gottes befolgt. Gerecht nennt unser Sprachgebrauch einen Menschen, der seinen Mitmenschen das Ihre gibt und gönnt, also fair mit ihnen umgeht, und im Zusammenleben der Menschen Recht und Gesetz beachtet. Das schließt ein, daß er sich nicht zum Nachteil anderer ungerechte Vorteile herausnimmt, daß er die Würde seiner Mitmenschen achtet und zum Gelingen des menschlichen Zusammenlebens beiträgt.

Der biblische und der alltägliche Sprachgebrauch schließen einander nicht aus. Der Christ darf sagen: Wer vor Gott recht sein will, muß auch mit den Menschen gerecht sein.

Die Tugend der Gerechtigkeit ist die Fähigkeit, ja die Kunst, mit den anderen Menschen in Einklang zu leben. Sie gibt die Antwort auf die Frage: *Wie können wir miteinander friedlich umgehen?*

Die Gerechtigkeit steht im Widerspruch zur Selbstsucht des Einzelnen wie von Gruppen und Völkern. Wahre Selbstliebe ist nicht Egoismus, sondern schließt Gerechtigkeit und Solidarität mit anderen, besonders den Notleidenden und Unterdrückten, mit ein.

Die Gerechtigkeit ist schwierig; sie soll das Leben des Einzelnen bestimmen im Umgang mit seinen unmittelbaren Nächsten in Familie und Arbeitswelt wie auch in Staat und Gesellschaft. Sie soll das Handeln des Staates bestimmen gegenüber seinen Bürgern, aber auch den Umgang der Gemeinschaft der Völker und Staaten untereinander. Überall gilt das Prophetenwort, das sich Papst Pius XII. zum Wahlspruch gewählt hatte:

Opus iustitiae pax – Gerechtigkeit schafft Frieden.

Die große Vision des Friedens für alle Völker hat der Prophet Jesaja schon im Alten Testament in die Worte gefaßt:

> Wenn aber der Geist aus der Höhe über uns ausgegossen wird, dann wird die Wüste zum Garten, und der Garten wird zu einem Wald. In der Wüste wohnt das Recht, die Gerechtigkeit weilt in den Gärten.
> Das Werk der Gerechtigkeit wird der Friede sein,
> der Ertrag der Gerechtigkeit sind Ruhe und Sicherheit für immer.
> Mein Volk wird an einer Stätte des Friedens wohnen,
> in sicheren Wohnungen, an stillen und ruhigen Plätzen.

Jes 32,15–18

КАРДИНАЛЬНАЯ ДОБРОДЕТЕЛЬ СПРАВЕДЛИВОСТИ

Справедливым, праведным называет Библия человека, который правильно перед Богом поступает, то есть, исполняет указания и заповеди Божии. В нашей речи справедливым считается человек, который дает своим собратьям то, что им принадлежит и желает им этого, то есть честно и порядочно с ними обходится и соблюдает в своих действиях и в человеческом общежитии право и закон. Сюда входит и то, что он не обеспечивает себе несправедливые выгоды, причиняющие ущерб другим, что он уважает достоинство своих собратьев и сограждан и вносит свой вклад для успешного развития человеческого общежития.

Библейское и будничное словоупотребления не являются взаимоисключающими. Христианин может сказать: то, что праведно перед Богом, то должно быть справедливым и для людей.

Добродетель справедливости - это способность, даже искусство, жить в гармонии с другими людьми. Она дает ответ на вопрос: *как можем мы мирно обходиться с другими людьми?*

Справедливость противоречит эгоизму индивида, а также групп и народов. Подлинное себялюбие, подлинная любовь к себе - это не эгоизм, а включает справедливость и солидарность с другими, в особенности с нуждающимися и угнетенными.

Соблюдать справедливость - тяжелое дело; она должна определять поведение человека в обхождении с самыми близкими в семье и в рабочем коллективе, а также в государстве и в обществе. Она должна определять поведение государства по отношению к своим гражданам, но также отношения содружества народов и государств между собой. Везде действительно слово пророка, ставшее лозунгом Папы Пия XXII:

Opus iustitiae pax - делом правды будет мир.

Великое видение мира для всех народов поведал уже в Ветхом Завете пророк Исаия:

> Когда изольется на нас Дух свыше, и пустыня сделается садом, а сад будет считаться лесом. Тогда суд водворится в этой пустыне, и правосудие будет пребывать на плодоносном поле.
>
> И делом правды будет мир,
> и плодом правосудия - спокойствие и безопасность во веки.
> Тогда народ мой будет жить в обители мира,
> и в селениях безопасных, и в покоищах блаженных.

Ис.32:15-18

Keiner darf zu schwach oder zu feig sein, seinen Überzeugungen, seinem Glauben, seinen Einsichten in das Wahre und Gute zu folgen. Der Mut, sich seines Verstandes zu bedienen und seinem Gewissen zu folgen, gehört zur Reife und zur Würde des Menschen.
Aber der Verwirklichung des Guten stellen sich im Leben vielerlei Hindernisse entgegen: schlechte Beispiele; eine vielleicht verkehrte öffentliche oder veröffentlichte Meinung; Druck und Bedrohung von seiten mächtiger Gruppen und anderes mehr. Solchen Widerständen zu widerstehen, ihnen gegenüber standzuhalten, mutig ihnen entgegenzutreten – das leistet die Tugend der Tapferkeit. Sie erst ermöglicht ein Leben gemäß den Forderungen von Wahrheit, Recht und Gewissen.
Die Tugend der Tapferkeit ist die Antwort auf die Frage: *Was verlangt das Festhalten an Recht und Gerechtigkeit?*
Vielfach wird dafür das Wort *Zivilcourage* gebraucht – ein Fremdwort in der deutschen Sprache; es darf nicht der Sache nach etwas Fremdes oder Seltenes bleiben im Leben eines Christen.
Der Christ muß bereit sein, für die Wahrheit und für die Verwirklichung der Gerechtigkeit Schwierigkeiten und Leiden auf sich zu nehmen; ja wenn es sein muß, den Tod.

Herr, mach mich zu einem Menschen, der dankbar, selbstlos und gelassen die Welt und die Dinge sehen kann, wie sie sind. Dann werde ich offen sein für das Gute, das du mir durch mein Gewissen zeigst, und werde zurückweisen, was mich zum Bösen verleiten könnte.

КАРДИНАЛЬНАЯ ДОБРОДЕТЕЛЬ СМЕЛОСТИ

Никто не должен быть слишком слабым, или слишком трусливым, чтобы следовать своим убеждениям, своей вере, своим взглядам на то, что истинно и хорошо. Смелость воспользоваться своим разумом и следовать своей совести - необходимый элемент зрелости и достоинства человека.

Но претворению в жизнь хорошего мешает в жизни много препятствий: плохие примеры, какое-нибудь неправильное общественное или опубликованное мнение; давление и угрозы со стороны имеющих большую силу групп, и многое другое. Для того, чтобы противостоять таким препятствиям, твердо стоять против них, смело выступать против них - для этого нужна добродетель смелости. Лишь она дает способность и возможность жить по требованиям правды, справедливости и совести.

Добродетель смелости является ответом на вопрос: *что требуется, чтобы придерживаться норм права и справедливости?*

При ответе на этот вопрос часто употребляют заимствованное слово Zivilcourage гражданское мужество; по самому существу дела в жизни христианина не должно оставаться ничего чуждого или необыкновенного. Христианин должен быть готов ради правды и ради претворения справедливости принять на себя в жизни трудности и страдания; да, если нужно, и смерть.

Господи, сделай меня человеком, который может с благодарностью, самоотверженно, и спокойно смотреть на мир и на вещи, как они есть. Тогда я буду открыт для хорошего, которое Ты показываешь мне через мое сознание, и буду отвергать все, что может совратить меня ко злу.

DIE KARDINALTUGEND VON ZUCHT UND MASS

Es gibt Gefahren, die aus uns selber kommen – wie können wir uns dagegen wappnen?

Durch ein maßloses Habenwollen, Genießenwollen und Geltenwollen würden wir uns selbst zerstören: unsere Würde als Person, unser Ansehen bei den Menschen, unsere mitmenschlichen Beziehungen, unsere Gesundheit, unser Leben.

Die Verwirklichung des Guten in unserem Leben ist nicht nur von anderen her bedroht, sondern auch von uns selber. Wir könnten zum Sklaven unserer Triebe werden, zu einem Süchtigen, zu einem Zerrbild des rechten Menschen. Wir verlören unsere innere Freiheit.

Die Antwort auf diese Bedrohungen des Menschen gibt die Tugend von Zucht und Maß.

„In einer durch schale Genußsucht gekennzeichneten Umwelt kommt der Erziehung und Selbsterziehung zur Lauterkeit ein besonderes Gewicht zu." (Josef Pieper)

Darum spricht Josef Pieper von der „Würde und Notwendigkeit von Zucht und Maß", von der „strahlenden Gültigkeit von Reinheit".

In unserer von der Werbung, von Konsumanreizen und verführerischen Modeerscheinungen geprägten Zeit ist die Tugend von Zucht und Maß vom einzelnen nicht kampflos zu verwirklichen. Von daher haben die Zeiten von *Advent* und *Fastenzeit* mit ihrem Appell, sich persönlich auf die hohen Feste der Christenheit vorzubereiten, auch eine neue aktuelle Bedeutung erhalten. Die Freiheit von Abhängigkeiten im Haben-, Genießen- und Geltenwollen soll uns zu größerer Freiheit für das Wahre und Gute, für Gott und seinen Willen führen. Dazu können auch die beiden Hilfswerke mit ihren Informationen und Aufrufen verhelfen, die als *„Adveniat"* und *„Misereor"* in unserem Lande uns zu weltweiter Mitverantwortung auffordern. Aber unser ganzer Lebensstil soll von Zucht und Maß geprägt sein, im Essen und Trinken, im Freitagsopfer, in der zurückhaltenden Aufwendigkeit unseres Alltagslebens, in der Gestaltung unserer Sonn- und Feiertage.

КАРДИНАЛЬНАЯ ДОБРОДЕТЕЛЬ ДИСЦИПЛИНЫ И ЧУВСТВА МЕРЫ

Есть опасности, которые идут от нас самих - как нам от них защищаться?

Безудержное желание обладать, наслаждаться и иметь вес в обществе разрушило бы нас самих; наше достоинство как личности, наш авторитет в глазах людей, наши отношения с другими, с собратьями, наше здоровье, нашу жизнь.

Воплощению добра в нашей жизни угрожают не только другие люди, но и мы сами. Мы можем стать рабами своих стремлений и наклонностей, наркоманами, одержимыми страстями, карикатурой на настоящего человека. Мы потеряли бы свою внутреннюю свободу.

Ответом на эту угрозу человеку является добродетель дисциплины и чувства меры.

«В мире, характеризующемся пресной жаждой наслаждений, особое значение обретает воспитание и самовоспитание искренности». (Иосиф Пипер)

Поэтому Иосиф Пипер говорит о «достоинстве и о необходимости дисциплины и чувства меры», о «сияющей силе чистоты». В нашу эпоху, характеризующуюся рекламой, прелестями «общества потребления» и соблазнительными модными предметами, отдельному человеку не так-то просто реализовать добродетель дисциплины и чувства меры. Поэтому приобрели новое актуальное значение предрождественское время и время поста, с их воззванием лично приготовиться к великим христианским праздникам. Свобода от рабской зависимости - от страсти обладать, наслаждаться и иметь вес в обществе должна вести нас к еще большей свободе - к подлинному и хорошему, к Богу и к Его воле. В этом могут помочь своими информационными материалами и призывами две организации помощи «Адвениат» и «Мизериор», призывающие нас к чувству ответственности за весь мир. Но весь наш образ жизни должен отличаться дисциплиной и чувством меры - в еде, в питье, в жертве в пятницу, в скромности расходов на нашу будничную жизнь, в организации наших воскресных и праздничных дней.

DIE ZEHN GEBOTE – EINST

Warum gibt es die Zehn Gebote?

Gott stellt sich im Alten Testament vor als der Retter und Erlöser des Volkes Israel aus dem Sklavendasein in Ägypten. In seiner Sorge um sein Volk gibt er ihm auch Weisungen zum Leben. Das sind die Zehn Gebote. Sie bilden in den Mosebüchern die *Grundlage des Bundes zwischen Gott und seinem Volk*. Er gibt sie ihm aus Liebe, als Weisungen und Lebensregeln zum Heil des Volkes. Wer diese Weisungen mißachtet und ihre Wege verläßt, der verläßt den Weg des Lebens und mißachtet den Bund mit Gott und zieht auf das Volk – nicht nur auf sich selber – Unheil herab.
Im Volk Israel wurden später viele Bestimmungen um die Gebote herum festgelegt, ein „Zaun des Gesetzes", der vor Übertretungen bewahren sollte. Jesus schied deutlich von dem Willen Gottes, der sich in den Geboten Gottes ausdrückt, das „Menschenwerk", das sich darum gelegt hatte. Er will, daß die Menschen mit Herz und Willen Gott gehören und sich ihm hingeben. Eine Kurzfassung der Zehn Gebote lautet:

Ich bin der Herr, dein Gott, der dich erlöst und dich befreit hat.

1. Du sollst neben mir keine anderen Götter haben.
2. Du sollst den Namen Gottes nicht mißbrauchen.
3. Gedenke des Sabbats: halte ihn heilig!
4. Ehre deinen Vater und deine Mutter!
5. Du sollst nicht morden.
6. Du sollst nicht die Ehe brechen.
7. Du sollst nicht stehlen.
8. Du sollst nicht falsch gegen deinen Nächsten aussagen.
9. Du sollst nicht nach der Frau deines Nächsten verlangen.
10. Du sollst nicht nach dem Haus deines Nächsten verlangen.

vgl. Exodus 20,1–17

Durch die Zehn Gebote bereitete Gott die Menschen vor auf die Freundschaft mit ihm selbst und auf die Eintracht mit dem Nächsten. Das alles war nützlich für den Menschen; Gott selbst brauchte von alledem nichts. Den Menschen machte er herrlich und verlieh ihm, was ihm fehlte: die Freundschaft Gottes. Das Volk gab Gott nichts; denn Gott braucht nicht einmal die Liebe der Menschen.

Irenäus von Lyon (gest. um 202)

Wähle also das Leben, damit du lebst, du und deine Nachkommenschaft. Liebe den Herrn, deinen Gott, hör auf seine Stimme und halte dich an ihm fest, denn er ist dein Leben.

Dtn 30,19–20

ДЕСЯТЬ ЗАПОВЕДЕЙ - РАНЬШЕ

Почему существуют Десять заповедей?

В Ветхом Завете Бог представляет Себя Спасителем и Избавителем Израиля из египетского рабства. Заботясь о Своем народе, Он дает ему также указания для жизни. Это Десять заповедей. В Моисеевых книгах они служат основой для завета-союза между Богом и Его народом. Он дает их им из любви, как указания и нормы жизни для спасения народа. Кто пренебрегает этими указаниями и отходит от них, тот покидает путь жизни и игнорирует завет с Богом, навлекая, тем самым, беду на народ - а не только на себя.

Позже Израиль выработал вокруг этих заветов многочисленные положения и установления, «забор закона», который должен был предохранить от преступления закона. Иисус ясно отличал волю Божию, получившую выражение в заповедях Божиих, от «дела рук человека», разработанного вокруг них. Он хочет, чтобы люди сердцем и волей принадлежали Богу и себя Ему предавали. Вот краткое изложение Десяти заповедей:

Я Господь, Бог твой, Который тебя избавил и освободил.

1. Пусть не будет у тебя других богов, кроме Меня.
2. Не произноси имени Бога напрасно.
3. Помни субботу, чтобы освящать ее!
4. Почитай отца своего и мать свою!
5. Не убивай.
6. Не прелюбодействуй.
7. Не кради.
8. Не произноси ложного свидетельства на ближнего твоего.
9. Не желай себе жены ближнего твоего.
10. Не желай себе дома ближнего твоего.

Сравни Исх. 20:1-17

Десятью заповедями Бог подготовил людей к дружбе с Собой и к согласию с ближним. Все это было полезно для человека; Богу же Самому ничего из этого не нужно было. Он сделал человека великолепным и наградил его тем, что ему было нужно: дружбой с Богом. Народ не дал Богу ничего; потому что Богу не нужна была даже любовь людей.

Игнатий Лионский (умер ок.202)

Избери жизнь, дабы жил ты и потомство твое. Люби Господа, Бога твоего, слушай глас Его и держись Его крепко, ибо в этом жизнь твоя.

Втор.30:19-20

DIE ZEHN GEBOTE – HEUTE

Was können die Zehn Gebote heute noch bedeuten?

Für den Christen bedeutet das erste Gebot:
Du sollst an Gott glauben, auf ihn hoffen und ihn über alles lieben. Du sollst Gott den ersten Platz einräumen in deinem Leben.
Für den Christen bedeutet das zweite Gebot:
Du sollst mit Ehrfurcht von Gott reden und seinen Namen nicht mißbrauchen. Du sollst in Ehrfurcht vor Gott leben.
Für den Christen bedeutet das dritte Gebot:
Du sollst mit der ganzen Kirche die Sonn- und Feiertage heilig halten.
Der Sonntag ist der Tag der Auferstehung Jesu Christi. Du sollst die heilige Messe mitfeiern und Gott durch Jesus Christus für das Opfer des Neuen Bundes danksagen.
Für den Christen bedeutet das vierte Gebot:
Du sollst deine Eltern ehren, lieben und ihnen in allen rechten Dingen gehorchen.
Du sollst als Mensch in der Gemeinschaft alle, die für dich eine Verantwortung tragen, achten und bereitwillig mit ihnen zusammenwirken.
Für den Christen bedeutet das fünfte Gebot:
Du sollst dein eigenes Leben und das Leben der Mitmenschen achten, es nicht unnötig in Gefahr bringen, nicht schädigen oder gar vernichten. Du sollst das Gebot der Nächstenliebe befolgen.
Für den Christen bedeutet das sechste und neunte Gebot:
Du sollst Ehrfurcht vor den geschlechtlichen Kräften haben. Du sollst dich selber in Zucht nehmen und die eheliche Treue bewahren.
Für den Christen bedeutet das siebte und zehnte Gebot:
Du sollst mit deinem Besitz sorgsam umgehen und dem Nächsten nach deinen Möglichkeiten helfen. Du sollst nicht stehlen, nicht neidisch sein auf den Besitz der anderen. Mit fremden Gütern sollst du gewissenhaft umgehen.
Für den Christen bedeutet das achte Gebot:
Du sollst in allem die Wahrheit sagen. Du sollst beim Reden über andere die Nächstenliebe nicht vergessen.

Alle Gebote Gottes sind zusammengefaßt in dem einen Hauptgebot:

Du sollst den Herrn, deinen Gott, lieben
und deinen Nächsten wie dich selbst!

Jesus gibt das „neue Gebot“:
Ihr sollt einander lieben, wie ich euch geliebt habe.

(Joh 15,12)

ДЕСЯТЬ ЗАПОВЕДЕЙ - СЕГОДНЯ

Что значат Десять заповедей сегодня?

Для христианина первая заповедь значит:
Веруй в Бога, надейся на Него и люби Его превыше всего.
Поставь Бога в твоей жизни на первое место.

Вторая заповедь значит для христианина:
Говори о Боге с благоговением и не употребляй Его имя там, где не следует. Живи перед Богом в благоговении.

Третья заповедь значит для христианина:
Свято чти вместе с Церковью все воскресные и праздничные дни.
Воскресенье - день воскресения Иисус Христа. Празднуй со всеми святую мессу и благодари Бога через Иисуса Христа за жертву нового завета.

Четвертая заповедь значит для христианина:
Почитай, люби своих родителей и слушайся их во всех праведных делах.
Как член общины почитай всех людей, которые несут ответственность за тебя и послушно сотрудничай с ними.

Пятая заповедь значит для христианина:
Почитай свою жизнь и жизнь своих собратьев, не подвергай ее без нужды опасности, не причиняй ей вреда, или даже гибели.
Исполняй заповедь о любви ближнего твоего.

Шестая и девятая заповеди значат для христианина:
Благоговейно относись к влечению пола. Веди себя хорошо и храни супружескую верность.

Седьмая и десятая заповеди значат для христианина:
Обращайся бережно с твоим имуществом и помогай ближнему в меру твоих возможностей. Не кради, не завидуй имуществу другого. Добросовестно обращайся с имуществом других.

Восьмая заповедь значит для христианина:
Во всем говори правду. Когда говоришь о других, не забывай о любви к ближнему.

Все заповеди соединены в одной главной заповеди:

Люби Господа, Бога твоего,
и твоего ближнего, как самого себя.

Иисус дал новую заповедь:
Любите друг друга, как Я возлюбил вас.

(Ин. 15:12)

Die Ehrfurcht vor Gott ist eine verletzliche, zarte Pflanze – wir müssen sie schützen. Es ist mit ihr ähnlich wie mit der „Würde des Menschen" – das Grundgesetz sagt zwar von ihr, sie sei unantastbar – aber täglich erleben wir an vielfältigen Ereignissen und Meldungen, wie sehr diese Würde antastbar ist – bis hin zur Vernichtung des menschlichen Lebens selber.
Nach christlicher Überzeugung kommt die Würde des Menschen von Gott. Wer die Ehrfurcht vor Gott verliert, wird sie leicht auch vor dem Bild Gottes, dem Menschen, verlieren.
Die Ehrfurcht vor Gott bedeutet für uns Menschen zunächst *Selbsterkenntnis:* Ich bin nicht Gott. Ich bin ein endliches, vergängliches Wesen in dieser Welt; nicht mächtig genug, die Welt wirklich von Grund auf zu bessern; nicht imstande, mich selbst von Illusionen, Haßgefühlen und Sünden freizuhalten. Ich bin vor Gott wenig und doch kein Nichts.
Die Ehrfurcht vor Gott bedeutet für uns Menschen darum *Dankbarkeit:* er hat uns alles gegeben: Leben, Umwelt, Freude, Glück, Aufgaben, die uns fordern, die Vergebung unserer Sünden.
Darum bedeutet die Ehrfurcht vor Gott auch die *Bereitschaft,* unser Leben verantwortlich zu führen. Er ist der Herr, wir sind die von ihm ins Dasein Gerufenen, zu Freude, Friede und Freundschaft mit ihm und unseren Mitmenschen Berufenen. Das schließt alle Fähigkeiten zum Guten ein, die er uns gibt und mit denen wir antworten können auf seinen Ruf.

Ehrfurcht vor Gott bedeutet:

- Ihm gläubig anhangen,
- ihm hoffend vertrauen,
- ihm liebend gehorchen und seinen Willen in der Welt tun.

Ehrfurcht vor Gott bedeutet:

- ihn anbeten,
- seinen Namen nicht mißbrauchen,
- die Würde Gottes und des Menschen hochachten.

Ehrfurcht vor Gott bedeutet:

- Vor ihm leben im Alltag,
- mit ihm leben im Gebet,
- ihn feiern und sich seiner freuen am Sonntag.

ЗАПОВЕДИ О ПОЧИТАНИИ БОГА

Благоговение перед Богом - это нежный, легко уязвимый цветок - мы должны оберегать его. С ним дело обстоит так же, как с «человеческим достоинством»: в конституции, правда, сказано, что оно неприкосновенно, но мы каждый день видим - в происходящих событиях и сообщениях - сколь прикосновенно это достоинство, вплоть до уничтожения самой человеческой жизни.

По христианскому убеждению человеческое достоинство восходит к Самому Богу. У кого нет благоговения перед Богом, тот легко потеряет всякое благоговение перед Его подобием, перед человеком.

Благоговение перед Богом - для нас, людей, это, прежде всего, значит: *самопознание.* Я не Бог, я конечное, преходящее существо на этой земле; недостаточно сильное, чтобы действительно в корне усовершенствовать мир, неспособное удержаться от иллюзий, чувства ненависти и грехов. Я значу перед Богом мало, но все же я не абсолютный нуль.

Поэтому благоговение перед Богом - это для нас, людей, *чувство благодарности:* Он дал нам все: жизнь, окружающую среду, друзей, счастье, задачи, которые мы должны выполнить, прощение наших грехов.

Поэтому благоговение перед Богом означает также готовность ответственно подходить к своему образу жизни. Он - Господь, мы - призванные Им к жизни, к радости, миру и дружбе с Ним и нашими, призванными Им, собратьями. Это включает всяческие способности творить хорошее, которые Он нам дарует и которыми мы можем ответить на Его призыв.

Благоговение перед Богом значит:

- быть Ему верно преданным и следовать Ему,
- надеяться на Него и уповать,
- с любовью повиноваться Ему, исполнять Его волю в мире.

Благоговение перед Богом значит:

- Ему поклоняться,
- не употреблять имени Его, где не следует,
- почитать достоинство Бога и человека.

Благоговение перед Богом значит:

- перед Ним жить в своей повседневной жизни,
- с Ним жить в молитве,
- Его прославлять и радоваться Ему в воскресенье.

Psalm 8

Herr, unser Herrscher, / wie gewaltig ist dein Name auf der ganzen Erde; / über den Himmel breitest du deine Hoheit aus.
Aus dem Mund der Kinder und Säuglinge schaffst du dir Lob, / deinen Gegnern zum Trotz; / deine Feinde und Widersacher müssen verstummen.
Seh' ich den Himmel, das Werk deiner Finger, / Mond und Sterne, die du befestigt:
Was ist der Mensch, daß du an ihn denkst, / des Menschen Kind, daß du dich seiner annimmst?
Du hast ihn nur wenig geringer gemacht als Gott, / hast ihn mit Herrlichkeit und Ehre gekrönt.
Du hast ihn als Herrscher eingesetzt über das Werk deiner Hände, / hast ihm alles zu Füßen gelegt:
All die Schafe, Ziegen und Rinder / und auch die wilden Tiere,
die Vögel des Himmels und die Fische im Meer, / alles, was auf den Pfaden der Meere dahinzieht.
Herr, unser Herrscher, / wie gewaltig ist dein Name auf der ganzen Erde!

Die Kirche betet:

Heiliger Gott, gib, daß wir deinen Namen allezeit fürchten und lieben. Denn du entziehst keinem deine väterliche Hand, der fest in deiner Liebe verwurzelt ist.

(Meßbuch)

Псалом 8

Господи, Боже наш! / как величественно имя Твое по всей земле! / Слава Твоя простирается превыше небес!
Из уст младенцев и грудных детей Ты устроил хвалу, / ради врагов Твоих, /дабы сделать безмолвным врага и мстителя.
Когда взираю на небеса Твои, дело Твоих перстов,/ на луну и звезды, которые Ты поставил:
то что есть человек, что Ты помнишь его, / и сын человеческий,что Ты посещаешь его?
Не много Ты умалил Его перед Ангелами (Богом); славою и честью увенчал его;
поставил его владыкою над делами рук Твоих; / все положил под ноги его:
овец и волов всех, / а также полевых зверей,
птиц небесных и рыб морских, / все, преходящее морскими стезями.
Господи, Боже наш! / как величественно имя Твое по всей земле!

Церковь молится:

Святый Боже, дай нам, чтобы мы всегда испытывали страх и любовь перед именем Твоим. Потому что Ты не отнимаешь Твою отеческую руку у того, кто прочно стоит в Твоей любви.

Требник

Ähnlichkeiten mit den Zehn Geboten lassen sich finden in der Formulierung der *Menschenrechte* gemäß der Charta der Vereinten Nationen sowie im *Grundgesetz* der Bundesrepublik Deutschland. Denn die Werte, die die Zehn Gebote schützen, sind immer und überall für die Menschen von höchstem Wert: das Leben, die Ehe und Familie, das Eigentum, Ehre und Ansehen.
Die Zehn Gebote erweisen sich darum im Licht des Evangeliums und der kirchlichen Soziallehre als Ansatzpunkte einer „neuen moralischen Besorgtheit, vor allem hinsichtlich der großen Menschheitsprobleme wie der Entwicklung und des Friedens" (Papst Johannes Paul II. in „Die soziale Sorge der Kirche" Nr. 26). Denn die künftige Entwicklung der Welt muß sich „im Rahmen von *Solidarität und Freiheit* vollziehen, ohne jemals die eine oder die andere, unter welchem Vorwand auch immer, zu opfern" (Nr. 33).

Damit sind die beiden Worte genannt, die unser menschliches Zusammenleben im Kleinen wie im Großen erleuchten und leiten:

Solidarität – wir müssen miteinander die Aufgaben sehen, beurteilen und meistern, die uns in der Welt aufgegeben sind. Solidarität ist „die feste und beständige Entschlossenheit, sich für das Gemeinwohl einzusetzen, d. h. für das Wohl aller und eines jeden, weil wir alle für alle verantwortlich sind" (Nr. 38).
Freiheit – wir müssen es tun in der Achtung voreinander und in der gegenseitigen Liebe, die einander jede berechtigte Freiheit läßt und sichert. „Die Freiheit, zu der Christus uns befreit hat (Gal 5,1) spornt uns an, uns zu Dienern aller zu bekehren." (Nr. 46)
Beides verlangt von uns die gottgegebene *Würde des Menschen,* die ohne Solidarität miteinander und ohne gegenseitig gewährte Freiheit nicht gewahrt ist.
Bausteine zu einer solchen *„Zivilisation der Liebe"* sind die Gebote Gottes im Licht des Beispiels und der Lehre Jesu Christi.

– Das *vierte Gebot* weist auf die Pflicht hin, die die Eltern gegenüber ihren Kindern und die Kinder gegenüber ihren Eltern haben. Es schließt die Pflichten aller gegenüber den rechtmäßigen Autoritäten in Gesellschaft, Staat und Kirche ein.

ЗАПОВЕДИ ЧЕЛОВЕЧЕСКОГО ОБЩЕЖИТИЯ

Сходство с Десятью заповедями можно видеть в Хартии о *правах человека* Организации Объединенных Наций, а также в Конституции Федеративной Республики Германии. Потому что ценности, которые охраняют Десять заповедей, всегда и везде стоят у людей на первом месте: жизнь, брак и семья, собственность, честь и авторитет.

Поэтому в свете Нового Завета и церковного учения об обществе Десять заповедей стали отправной точкой «новой нравственной заботы, прежде всего в отношении важных проблем человечества, таких как развитие и мир» (Папа Иоанн Павел II. в »Социальные заботы Церкви« (Nr. 26). Потому что грядущее развитие мира должно происходить в рамках *солидарности и свободы,* чтобы ни при каких обстоятельствах не пожертвовать ни тем, ни другим« (Nr. 36).

Эти два слова озаряют и направляют наше человеческое общежитие, как в малом, так и в большом.

Солидарность - мы должны вместе видеть, оценивать и решать задачи, поставленные перед нами в мире. Солидарность - это «твердая и непоколебимая решимость выступать за всеобщее благо, то есть, за благо всех и каждого, потому что мы все несем ответственность за всех» (Nr. 38).

Свобода - мы должны делать это во взаимном уважении и во взаимной любви, которые взаимно допускают и гарантируют всякую справедливую свободу. «Свобода, которую даровал нам Христос (Гал 5:1), побуждает нас к служению для обращения всех» (Nr. 46).

И того и другого требует от нас дарованное Богом *человеческое достоинство,* которое не может быть гарантировано без солидарности друг с другом и без взаимно гарантированной свободы.

Элементами для создания такой «цивилизации любви» являются Божии заповеди в свете примера и учения Иисуса Христа.

– *Четвертая* заповедь указывает на обязательства родителей по отношению к своим детям и детей по отношению к своим родителям. Сюда входят обязательства всех по отношению к законным властям и авторитетам в обществе, государстве и Церкви.

- Das *fünfte Gebot* untersagt die ungerechtfertigte, verbrecherische Tötung des Menschen – den Mord. Es will das Leben des unschuldigen Menschen schützen. Keiner darf, aus welchen Gründen auch immer, sich das Recht anmaßen, anderen Menschen gegenüber Gewalt und Terror anzuwenden. Die staatliche Gemeinschaft darf gegen Rechtsbrecher physische Gewalt anwenden, der einzelne darf dies nur im Fall der Notwehr. Die Bundesrepublik Deutschland hat nach den vielen ungerechtfertigten Hinrichtungen während der Zeit des Dritten Reiches die vom Gericht zu verhängende Todesstrafe durch das Grundgesetz abgeschafft. *Gott allein ist Herr über Leben und Tod.*
- Das *sechste Gebot* will die enge Lebensgemeinschaft von Mann und Frau in der Ehe und Familie schützen. Die eheliche Liebe und Treue, die gemeinsame Verpflichtung, für die Kinder zu sorgen und sie zu erziehen, soll nicht durch Außenstehende zerbrochen oder erschwert werden. Das *neunte Gebot* erklärt bereits das Begehren nach der Frau des Nächsten und umgekehrt nach dem Mann einer andern Frau zur Sünde. Denn die Sünde beginnt immer mit dem unerlaubten Begehren – im Inneren ja sagen zum Verbotenen.
- Das *siebte Gebot* schützt das Eigentum des anderen. Auch hier beginnt die Sünde in neidvollem Begehren, dem Trachten, sich das Gut des anderen anzueignen *(zehntes Gebot)*. Auch das Grundgesetz der Bundesrepublik Deutschland schützt das Privateigentum, betont aber zugleich die soziale Verpflichtung, die sich aus dem Eigentum ergibt (Art. 14,1–2). Es ist nicht erlaubt, sich fremdes Gut auf unrechte Weise anzueignen.
- Das *achte Gebot* weist darauf hin, daß die Ehre des Menschen ein hohes Gut ist. Sie darf nicht durch falsche Aussagen oder die Sensationsgier, z. B. der Presse, geschädigt werden. Schon böse Worte können Vertrauen für immer zerstören.

> Gott hat die Menschen nicht als Feinde,
> sondern als Brüder und Schwestern geschaffen.

Papst Johannes XXIII.

– *Пятая* заповедь запрещает несправедливое и преступное умерщвление человека - убийство. Она должна защищать жизнь невинного человека. Никто не имеет права, из каких бы то ни было соображений, применять силу и террор по отношению к другим людям. Государство, как представитель общества, может применять физическую силу против нарушителей закона, отдельный человек может это делать только для самозащиты. После многочисленных несправедливых казней, имевших место во время Третьего рейха, Федеративная Республика Германии отменила в Конституции смертную казнь.

– *Шестая* заповедь должна защищать тесный союз и единство мужчины и женщины в браке и семье. Посторонние не должны разрушить или осложнить честную любовь и верность, общий долг заботиться о детях и воспитывать их. *Девятая* заповедь объявляет грехом уже само вожделение к жене другого и, наоборот, к мужу другой женщины. Потому что грех всегда начинается с запретного вожделения - сказать самому себе в душе своей «да» при виде запретного.

– Седьмая заповедь защищает собственность другого. И здесь грех начинается с завистливого вожделения - с сильного желания взять собственность другого (*десятая* заповедь). Конституция Федеративной Республики Германии защищает частную собственность, но одновременно подчеркивает социальные обязательства, связанные с этой собственностью (ст.14, 1-2). Она запрещает незаконное присвоение чужого имущества.

– *Восьмая* заповедь подчеркивает, что честь человека - высокое благо. Ее нельзя унизить ложными показаниями на суде или из жажды сенсации, например, в прессе. Уже злые слова могут навсегда разрушить доверие к человеку.

Бог сотворил людей не как врагов,
а как братьев и сестер.

Папа Иоанн XXIII

WEISUNGEN DER KIRCHE

Gibt es heute noch gültige „Kirchengebote"?

Die Kirche will mit ihren Weisungen (Kirchengeboten) allen Gläubigen helfen, in der Gemeinschaft mit Gott und in der Nachfolge Jesu Christi zu bleiben, gemäß der Mahnung des Apostels Paulus an die Vorsteher der Kirche zu Ephesus:
Gebt acht auf euch und auf die ganze Herde, in der euch der Heilige Geist zu Bischöfen bestellt hat, damit ihr als Hirten für die Kirche Gottes sorgt, die er sich durch das Blut seines eigenen Sohnes erworben hat.

Apg 20,28

Ihre fünf wichtigsten Weisungen lauten:

1. Feiere den Sonntag als „Tag des Herrn"!
   Der Sonntag ist der Tag des Herrn, an dem die Christen des Todes und der Auferstehung ihres Herrn feiernd gedenken. Es muß ein festlicher Tag sein, ein Tag der Gemeinschaft und der Liebe, an dem die Familie beisammen ist und die Arbeit ruht.
2. An Sonn- und Feiertagen nimm regelmäßig an der Eucharistiefeier teil!
   An allen Sonn- und Feiertagen versammeln sich die Gläubigen, um das Wort Gottes zu hören und in der Eucharistiefeier des Todes und der Auferstehung des Herrn zu gedenken. Die Sonntagsmesse wird für die, die sie mitfeiern, zu einer Quelle, aus der sie Kraft für ihr Leben in Familie und Beruf schöpfen.
3. Am Freitag bring ein Opfer!
   Am Karfreitag hat der Herr seinen Leib für alle Menschen dahingegeben und sein Blut für sie vergossen. Verzicht auf Fleischspeisen und Genußmittel (Abstinenz), Fasten, Werke der Buße, der Sühne und der Liebe werden zu Zeichen der Verbundenheit mit Christus. Sie sind ein Weg zur Freiheit und zur Freude.
4. Empfange regelmäßig, wenigstens aber in der österlichen Zeit, die Sakramente der Buße und des Altares!
   An Ostern feiert die ganze Kirche das große Fest der Erlösung: Tod und Auferstehung des Herrn. Darum soll jeder Christ in der Osterzeit die Eucharistie empfangen.
   Jeder Christ soll möglichst in der österlichen Zeit die Vergebung der Schuld im Bußsakrament erbitten.
5. Hilf der Kirche und deiner Gemeinde!
   Alle Christen sind mitverantwortlich für die Weitergabe des Glaubens, für den Gottesdienst der Gemeinde, für seelsorgliche und caritative Dienste. Sie können auf vielfältige Art und Weise ihre Dienste der kirchlichen Gemeinschaft zur Verfügung stellen.

Nach dem Gotteslob

ЦЕРКОВНЫЕ НАСТАВЛЕНИЯ

Существуют ли сегодня еще действующие «церковные заповеди»?

Церковь хочет своими наставлениями (церковными заповедями) помочь всем верующим пребывать в единстве с Богом и оставаться последователем Иисуса Христа, в полном соответствии с предостережением Апостола Павла церкви в Эфесе.
Итак внимайте себе и всему стаду, в котором Дух Святый поставил вас блюстителями, пасти Церковь Господа и Бога, которую Он приобрел Себе Кровию Своею«.

Деян. 20:28

Её пять важнейших наставлений гласят:

1. Празднуй воскресенье как »день Господа«!
   Воскресенье - это день Господа, день в который христиане празднично поминают смерть и воскресение своего Господа. Это должен быть праздничный день, день единства и любви, который семья проводит вместе, а работа покоится.
2. В воскресные и праздничные дни принимай регулярно участие в праздновании евхаристии! Во все воскресные и праздничные дни верующие собираются, чтобы слушать Слово Божие и помянуть в евхаристии смерть и воскресение Господа. Воскресная месса становится, для принимающих в ней участие, источником, из которого они черпают силы для жизни в семье и в работе.
3. В пятницу приноси жертву!
   В страстную пятницу предал Господь Свое Тело за всех и пролил за них Свою Кровь. Воздержание от мяса и деликатесов (умеренность), пост, дела покаяния, искупления и любви становятся знаками союза с Христом. Они - путь к свободе и радости.
4. Принимай регулярно, но по меньшей мере на Пасху, священные таинства покаяния и Святых тайн!
5. Помогай Церкви и Твоей общине!
   Все христиане несут ответственность за то, чтобы вера передавалась дальше, за богослужение в общине, за заботу по спасению душ и благотворительную деятельность. Ты можешь по-разному помогать своей церковной общине.

После Gotteslob

DAS HAUPTGEBOT

Kann Liebe ein Gebot sein?

Unser ganzes Leben wäre freudlos, wenn es nur von Gesetzen, Bestimmungen und Geboten geregelt würde.
Ein Leben, das sich nicht frei und spontan aus dem eigenen Herzen entfalten darf, kann niemand begeistern und gewinnen. Aber gerade zu einem solchen Leben hat Jesus Christus die Menschen aufgerufen; es ist ein Kernstück seiner Botschaft, daß er uns die „Freiheit der Kinder Gottes" schenken wollte. Sie besteht darin, daß der Mensch sich von der Gesinnung der Liebe zu Gott und zu den Menschen als seinen Brüdern und Schwestern leiten läßt – weil Gott selber Liebe ist.

> Du sollst den Herrn, deinen Gott, lieben von ganzem Herzen und ganzer Seele und mit deinem ganzen Denken. Das ist das wichtigste und erste Gebot. Ebenso wichtig ist das zweite: Du sollst deinen Nächsten lieben wie dich selbst!

Mt 22,37–40

Jesus hebt die beiden Gebote aus dem Alten Testament hervor (Dtn 6,5 u. Lev 19,18) und verbindet sie zum einen Hauptgebot der Liebe. Er hat damit ein neues, immer aktuelles Programm entworfen. Diese Lebensweisung besagt:

1. Dem gewaltigen, liebenden Gott verdankst du alles; er sagt ja zu dir. Darum antworte ihm mit deiner Gegenliebe von ganzem Herzen.
2. Gott hat zu dir ja gesagt – also sage auch du zu dir selber ja.
   Du hast Wert, unendlichen Wert.
3. Wie du zu dir selber ja sagen darfst, so sollst du auch deine Mitmenschen bejahen. Gott gibt sie dir als Brüder und Schwestern.

Im Hauptgebot der Gottes- und Nächstenliebe sind alle anderen Gebote und Gesetze zusammengefaßt. Es besagt also nicht, was jeder im einzelnen tun soll oder nicht tun darf. Vielmehr sollte sich das Handeln des Menschen aus der Liebe zu Gott und zum Nächsten frei und spontan entfalten.

> Bleibt niemand etwas schuldig; doch die Liebe schuldet ihr einander immer. Wer den anderen liebt, hat das Gesetz erfüllt. Denn die Gebote: Du sollst nicht die Ehe brechen, du sollst nicht töten, du sollst nicht stehlen, du sollst nicht begehren, und alle anderen Gebote sind in dem einen Satz zusammengefaßt: Du sollst deinen Nächsten lieben wie dich selbst. Die Liebe tut dem Nächsten nichts Böses. Also ist die Liebe die Erfüllung des Gesetzes.

Röm 13,8–10

ГЛАВНАЯ ЗАПОВЕДЬ

Может любовь быть заповедью?

Наша жизнь была бы безрадостной, если бы она вся регулировалась лишь законами, определениями и заветами.

Жизнь, которая не может развиваться свободно и спонтанно, никто не может увлечь и зажечь. Но именно к такой жизни призвал людей Иисус Христос; это один из центральных моментов Его вести, что Он хочет даровать нам «свободу детей Божиих». Она заключается в том, что человек руководствуется чувством любви к Богу и к людям, как к своим братьям и сестрам - потому что Бог Сам есть любовь.

«Возлюби Господа Бога твоего всем сердцем твоим, и всею душою твоею, и всем разумением твоим«; сия есть первая и наибольшая заповедь. Вторая же подобна ей: «возлюби ближнего, как самого себя».

Мт. 22:37-40

Иисус ставит на первое место эти две заповеди из Ветхого Завета (Втор. 6:5 и Лев. 19:8) и объединяет их в одну заповедь любви. Тем самым, Он создал новую, всегда актуальную программу. Это жизненное наставление значит:

1. Всемогущему любящему Богу ты обязан всем; Он говорит тебе «да». Поэтому отвечай ему взаимной любовью от всего сердца.
2. Бог сказал тебе «да» - поэтому скажи и ты себе »да«. Ты имеешь ценность, бесконечную ценность.
3. Точно также, как ты можешь сказать «да» себе, так ты должен отнестись положительно и к твоим собратьям и согражданам. Бог дает их тебе как братьев и сестер.

В главной заповеди любви к Богу и ближнему объединены все другие заповеди и законы. В ней, следовательно, не сказано ничего о том, что каждый должен или не должен делать в каждом отдельном случае. Напротив, человек должен свободно и спонтанно действовать, руководствуясь чувством любви к Богу и к ближнему.

Не оставайтесь должными никому ничем, кроме взаимной любви; ибо любящий другого исполнил закон. Ибо заповеди: «не прелюбодействуй», «не убивай», «не кради», «не лжесвидетельствуй», и «не пожелай чужого» и все другие заключаются в сем слове: «люби ближнего твоего, как самого себя». Любовь не делает ближнему зла; итак, любовь есть исполнение закона.

Рим. 13:8-10

V. Wie beten wir als Christen alle Tage unseres Lebens?

В. Как молимся мы, как христиане, во все дни нашей жизни?

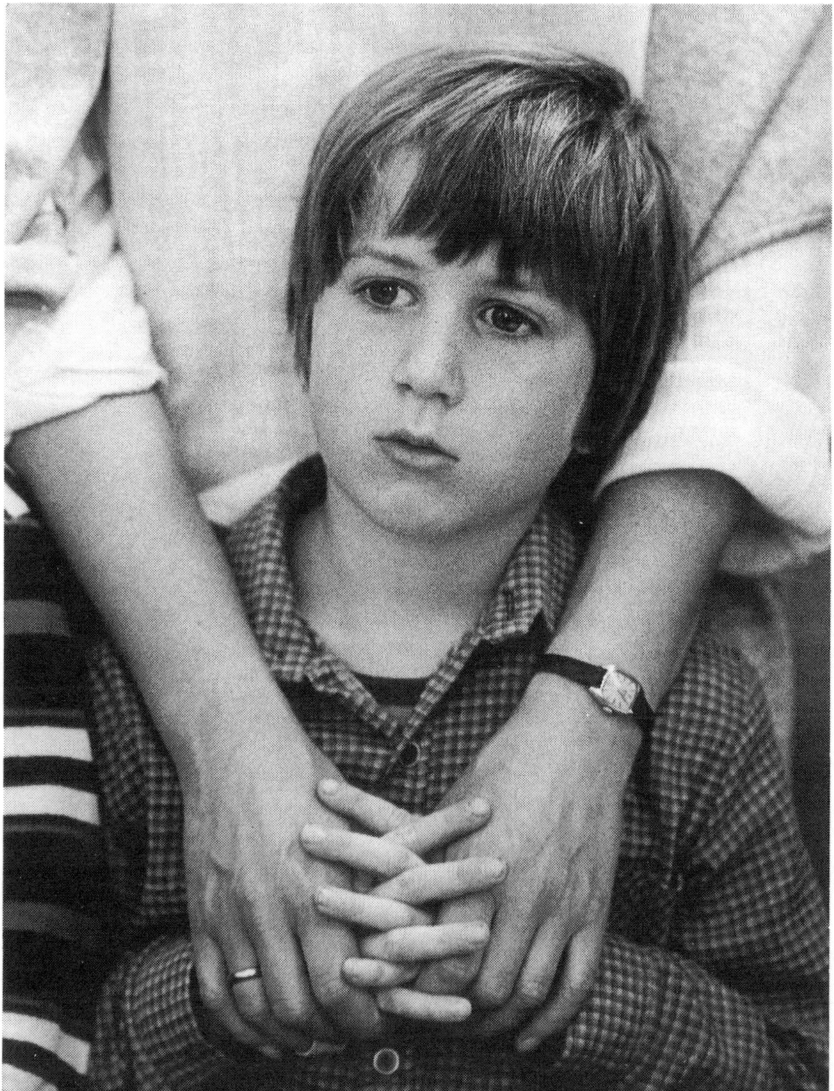

Warum kann der Christ nicht sein ohne Gebet? Weil der Geist Gottes selber in ihm zu Gott dem Vater ruft.
Wer sich von diesem Strom des Betens trennt, läßt den Glauben, die Hoffnung und die Liebe in sich vertrocknen.
Umgekehrt gilt:
Der Glaube ruft zu Gott im Gebet
die Hoffnung verankert sich in ihm
die Liebe freut sich an ihm und übergibt sich ihm ganz.
Der Christ kann ohne Gebet nicht sein, täglich und immer. Er darf den „Geist des Gebetes“ nicht verlieren. Da gilt das Pauluswort aus dem ersten und ältesten Brief des Neuen Testaments: „Löscht den Geist nicht aus!“

Paulus sagt:

Freut euch zu jeder Zeit!
Betet ohne Unterlaß!
Dankt für alles; denn das will Gott von euch, die ihr Christus Jesus gehört.
Löscht den Geist nicht aus!
Verachtet prophetisches Reden nicht!
Prüft alles und behaltet das Gute!
Meidet das Böse in jeder Gestalt!

1 Thess 5,16–22

Im Herrn ist die Gemeinschaft der Beter „ein auserwähltes Geschlecht, ein königliches Priestertum“ (1 Petrus 2,9).
Jesus, der große Beter des Neuen Bundes, sagt:
Die Stunde kommt, und sie ist schon da,
zu der die wahren Beter den Vater anbeten werden
im Geist und in der Wahrheit, denn so will der Vater angebetet werden.

Joh. 4,23

Der Mensch ist nie größer, als wenn er kniet

Joh. XXIII.

Почему христианин не может жить без молитвы? Потому что в нем Дух Божий Сам взывает к Богу Отцу.
Кто отходит от этой реки молитвы, в том засыхают вера, надежда и любовь.
И наоборот:
Вера взывает к Богу в молитве
Надежда укрепляется в Нем
Любовь радуется Ему и полностью отдает себя Ему.
Христианин не может жить без молитвы, каждый день и всегда. Он не должен терять «дух молитвы». К этому относятся слова Ап. Павла в первом и древнейшем новозаветном послании: «Духа не угашайте!»
Ап. Павел говорит:

Всегда радуйтесь!
Непрестанно молитесь!
За все благодарите: ибо такова о вас воля Божия во Христе Иисусе!
Духа не угашайте!
Пророчества не уничтожайте!
Все испытывайте, хорошего держитесь!
Удерживайтесь от всякого рода зла!

1 Фес.5:16-22

В Господе братство молящихся - «род избранный, царственное священство» (1Пет. 2:9).
Иисус, великий молящийся нового завета, говорит:
«Настанет время, и настало уже, когда истинные поклонники будут поклоняться Отцу в духе и истине; ибо таких поклонников Отец ищет Себе».

Ин. 4:23

Человек превыше всего тогда, когда он преклоняет колени.

Папа Иоанн XXIII

DAS GEBET DES HERRN

Vater unser im Himmel,
geheiligt werde dein Name.
Dein Reich komme.
Dein Wille geschehe,
wie im Himmel, so auf Erden.
Unser tägliches Brot gib uns heute.
Und vergib uns unsere Schuld,
wie auch wir vergeben unsern Schuldigern.
Und führe uns nicht in Versuchung,
sondern erlöse uns von dem Bösen.

Oft wird die alte Lobpreisung angeschlossen:

Denn dein ist das Reich und die Kraft und die Herrlichkeit in Ewigkeit.
Amen.

Im Vaterunser ist die Summe des Evangeliums Jesu Christi enthalten:
die Frohe Botschaft vom Vater,
von seinem kommenden Reich,
von der Vergebung, die er gewährt,
von der endgültigen Erlösung von allem Bösen, die er uns schenkt durch Jesus Christus, unsern Herrn.

Wie sollen wir beten?

Selbst die Jünger Jesu, die in der reichen Gebetstradition des Alten Bundes standen, fragten so. Sie spürten – nicht zuletzt am Beispiel des betenden Jesus – ihre Unfähigkeit und Schwäche, recht zu beten. Da lehrte sie Jesus das Vaterunser.
Das Vaterunser hat eine vertrauensvolle Anrede und sieben Bitten. Die ersten drei Anrufungen bitten um das Kommen des Reiches Gottes – um das Kommen Gottes selber zu uns.
Die letzten vier Anrufungen bitten um die Erlösung aus menschlichen Nöten. Ein alter Zusatz gibt abschließend dem allmächtigen Gott allein die Ehre: denn dein ist das Reich und die Kraft und die Herrlichkeit in Ewigkeit. Amen.

„Soli deo gloria" – Gott allein die Ehre – das ist die Zusammenfassung des christlichen Lebens und Betens, der Anbetung Gottes.
Man kann die Bitten des Vaterunsers einzeln meditieren und ihre Lebensbedeutung bedenken. Man kann auch die einzelnen Wörter des Bittens für sich allein betrachten: „Heilige", „komme", „es geschehe", „gib", „vergib", „führe", „erlöse".

МОЛИТВА ГОСПОДНЯ

Отче наш, сущий на небесах!
да святится имя Твое;
да приидет Царствие Твое;
да будет воля Твоя как на небе, так и на земле;
хлеб наш насущный дай нам на сей день;
и прости нам долги наши,
как мы прощаем должникам нашим;
и не введи нас в искушение,
но избавь нас от лукавого.

Часто прибавляют древнее славословие:

Ибо Твое есть Царство и сила и слава во веки.
Аминь.

В «Отче наш» слышен голос Евангелия Иисуса Христа:
благая весть об Отце,
о Его грядущем Царстве,
о прощении грехов, которое Он дает,
об окончательном избавлении от всякого зла, которое Он нам дарует через Иисуса Христа, нашего Господа.

Как должны мы молиться?

Даже сами ученики Иисуса, жившие в долгой ветхозаветной традиции молитвы, спрашивали об этом. Они чувствовали - уже на примере молящегося Иисуса - свою неспособность и слабость правильно молиться. Тогда Иисус научил их «Отче наш».

«Отче наш» состоит из доверчивого обращения и семи просьб. Первые три обращения - мольбы о пришествии Царствия Божия, о том, чтобы Бог Сам пришел к нам.

Последние четыре обращения - мольбы об избавлении от человеческих нужд. В древнем дополнении Богу воздана вся слава: ибо Твое есть Царство и сила и слава во веки. Аминь.

«Soli deo gloria» - одному Богу слава - вот вывод из христианской жизни и молитвы, поклонения Богу.

Можно в отдельности поразмыслить над каждой отдельной просьбой, заключенной в молитве «Отче наш», и об их значении в жизни. Можно также рассмотреть отдельные слова в каждой просьбе: «святится», «приидет», «сбудется», «дай», «прости», «не введи», «избави».

Beten setzt voraus, daß wir still werden, uns sammeln und wissen: Gott ist da.
Das Vaterunser gibt uns einen Maßstab für unser Beten: Erst das Vertrauen zum Vater;
dann der Lobpreis und die Ehre Gottes;
danach das vertrauensvolle Bitten in allen unseren Nöten.

„Beim Gebet stehen wir mit geöffnetem Herzen vor Gott."

Thomas von Aquin

Wenn wir in der Gemeinschaft beten, sprechen wir in festgeformten Gebeten zu Gott.

Beten heißt:

- *Geist und Herz zu Gott erheben,*
- *ihn anbeten,*
- *ihm danken,*
- *ihn um etwas bitten,*
- *sich Gott schenken.*

Im persönlichen Gebet können wir alles, was uns erfreut und beglückt, unsere Sorgen und Wünsche mit eigenen Worten Gott sagen.

Jesus sagt:

Bittet, dann wird euch gegeben;
sucht, dann werdet ihr finden;
klopft an, dann wird euch geöffnet.

Denn wer bittet, der empfängt;
wer sucht, der findet;
und wer anklopft, dem wird geöffnet.

Wen schon ihr, die ihr böse seid,
euren Kindern gebt, was gut ist,
wieviel mehr wird euer Vater im Himmel
denen Gutes geben, die ihn bitten.

Mt 7,7–11

Oft erfahren wir aber, daß Gott unsere Bitten anders erfüllt, als wir es erwarten. Gott weiß, was für uns Menschen gut ist.
Darum beten wir:
Herr, dein Wille geschehe!

Молитва предполагает, что мы замолкаем, собираемся и знаем: Бог здесь.
«Отче наш» дает нам эталон для наших молитв: прежде всего доверие к Отцу,
потом славословие и хвала Богу,
после этого доверчивая просьба во всех наших нуждах.

«При молитве мы стоим с открытым сердцем перед Богом».

Фома Аквинский

Когда мы молимся вместе с общиной, мы обращаемся к Богу с твердо установленными молитвами.

Молиться - это значит:

– *вознестись духом и сердцем к Богу,*
– *Ему поклоняться,*
– *Его благодарить,*
– *Его о чем-нибудь просить,*
– *предать себя Богу.*

В личной молитве мы можем сказать своими словами все, что нас обрадует и осчастливит, наши заботы и желания.

Иисус говорит:

Просите, и дано будет вам;
ищите и найдете;
стучите и отворят вам.

Ибо всякий просящий получает,
и ищущий находит,
и стучащему отворят.

Итак, если вы, будучи злы,
умеете даяния благие давать детям вашим,
тем более Отец ваш небесный даст блага просящим у Него.

Мт.7:7-11

Однако мы часто узнаём, что Бог иначе исполняет наши просьбы, чем мы ожидаем. Бог знает, что хорошо для нас, людей.
Поэтому мы молимся:
Господи, да будет воля Твоя!

DIE PSALMEN

Warum ist die Bibel ein gutes Gebetbuch?

In der Bibel redet nicht nur Gott zum Menschen, sondern auch Menschen reden zu Gott. Beides lädt ein zum Gebet: zur Antwort an Gott in der besinnlichen Lesung und Betrachtung der biblischen Worte und Ereignisse; zum Einstimmen in die Gebete der Jahrhunderte, die besonders im Buch der Psalmen gesammelt sind, aber nicht nur dort, sondern auch in den Hymnen und Lobpreisungen, gerade des Neuen Testamentes.
Darum ist der Umgang mit der Bibel eine Quelle des geistlichen Lebens.
Die Kirche verwendet in Stundengebet und Liturgie viele biblische Gebete, besonders das Buch der Psalmen. Darin werden Lobpreis und Klage, Freude und Leid in Worten und Bildern der damaligen Menschen und doch offen auch für unser heutiges Verständnis vor Gott getragen. Immer wieder dürfen wir uns unter Gottes Schutz stellen und um seinen Segen bitten mit Worten aus dem Alten und dem Neuen Testament.

Ein Psalm Davids: Der Herr ist mein Hirt.

Der Herr ist mein Hirte, / nichts wird mir fehlen.
Er läßt mich lagern auf grünen Auen / und führt mich zum Ruheplatz am Wasser.
Er stillt mein Verlangen; / er leitet mich auf rechten Pfaden, treu seinem Namen.
Muß ich auch wandern in finsterer Schlucht, / ich fürchte kein Unheil: denn du bist bei mir, / dein Stock und dein Stab geben mir Zuversicht.
Du deckst mir den Tisch / vor den Augen meiner Feinde.
Du salbst mein Haupt mit Öl, / du füllst mir reichlich den Becher.
Lauter Güte und Huld werden mir folgen mein Leben lang, / und im Haus des Herrn darf ich wohnen für lange Zeit.

Ps 23

Der Herr ist mein Licht und mein Heil

Der Herr ist mein Licht und mein Heil: / Vor wem sollte ich mich fürchten? Der Herr ist die Kraft meines Lebens: / Vor wem sollte mir bangen?
Dringen Frevler auf mich ein, / um mich zu verschlingen, meine Bedränger und Feinde, / sie müssen straucheln und fallen.
Mag ein Heer mich belagern: / Mein Herz wird nicht verzagen. Mag Krieg gegen mich toben: / Ich bleibe dennoch voll Zuversicht.
Nur eines erbitte ich vom Herrn, / danach verlangt mich: Im Haus des Herrn zu wohnen / alle Tage meines Lebens, die Freundlichkeit des Herrn zu schauen / und nachzusinnen in seinem Tempel.

Aus Psalm 27

ПСАЛМЫ

Почему Библия хороший молитвенник?

В Библии не только Бог говорит к человеку, но и люди обращаются к Богу. И то и другое призывает к молитве: к ответу Богу при вдумчивом чтении и созерцании библейских слов и событий; для того, чтобы подпевать в молитвах, которые распевались столетиями, собранными, в основном, в Псалтири, но не только там, а также в гимнах и прославлениях как раз Нового Завета.

Поэтому Библия - источник духовной жизни. Церковь использует в часах и в богослужении многие библейские молитвы, в особенности Псалтирь. Там возносятся к Богу хвала и жалобы, радость и страдания, изложенные словами и образами тогдашних людей, которые, однако, доступны для понимания современного человека. Снова и снова можем мы встать под защиту Бога и молить о Его благословении словами Ветхого и Нового Заветов.

Псалом Давида: Господь - Пастырь мой

Господь Пастырь мой; / я ни в чем не буду нуждаться.
Он покоит меня на злачных пажитях / и водит меня к водам тихим. Подкрепляет душу мою; / направляет меня на стези правды, ради имени Своего.
Если я пойду и долиною смертной тени,/ не убоюсь зла: потому что Ты со мной; / Твой жезл и Твой посох - они успокаивают меня.
Ты приготовил предо мною трапезу / в виду врагов моих; умастил елеем голову мою, / чаша моя преисполнена.
Так, благость и милость да сопровождают меня во все дни жизни моей / и я пребуду в доме Господнем многие дни.

Пс. 23

Господь свет мой и спасение мое

Господь свет мой и спасение мое: / кого мне бояться?
Господь крепость жизни моей: / кого мне страшиться?
Если будут наступать на меня злодеи, / противники и враги мои,/
чтобы пожрать плоть мою, / то они сами преткнутся и падут.
Если ополчится против меня полк, / не убоится сердце мое; если восстанет на меня война, / и тогда буду надеяться. Одного только просил я у Господа, / одного только ищу, чтобы пребывать мне в доме Господнем/во все дни жизни моей, созерцать красоту Господню/ и посещать храм Его.

Пс. 27

Wie täglich beten?

Wenn Beten mit Recht das Atemholen der Seele genannt wird, dann haben wir es nötig, täglich und immer wieder zu beten und stets im Geist des Gebetes – der Hinwendung und Hingabe an Gott und seinen Willen – zu verbleiben. Damit leben wir vor Gott und mit Gott.
Darum beten wir Christen am Morgen, am Mittag und am Abend und sprechen auch sonst kurze „Stoßgebete“. Das kann mit eigenen Worten geschehen; aber es hilft der guten Gewohnheit, sich dabei auch festgefügter und altbewährter Gebete zu bedienen. Täglich zu beten muß eine feste Gewohnheit werden.

Gebete für Kinder

Die Eltern mein empfehl' ich dir, behüte, lieber Gott, sie mir.
Vergilt, o Herr, weil ich nicht kann, das Gute, das sie mir getan. Amen

Guter Gott, du hast mir Vater und Mutter gegeben. Sie sorgen für mich. Sie helfen mir. Ich bitte dich: Halte sie gesund. Schenke ihnen Freude und Kraft. Steh ihnen zur Seite, wenn sie Sorgen haben. Gib, daß wir uns gut verstehen. Halte deine schützende Hand über uns, und laß uns alle zusammen zu dir finden. Amen.

Wir bitten dich, Herr, für alle Menschen, die krank sind, die allein sind, die Schmerzen haben oder Angst.
Sie brauchen dich. Gib ihnen Menschen, die sie trösten, die ihnen helfen. Amen.

Wir bitten dich, Jesus, hilf uns in unserer Klasse zu einer guten Gemeinschaft.
Du hast uns gezeigt, wie einer dem anderen helfen soll.
Laß uns gemeinsam erreichen, was einer allein nicht kann. Amen.

Jesus, wir wollen die Kinder in der Welt nicht vergessen:
die Kinder, die hungrig und durstig sind;
die Kinder, die ohne Eltern aufwachsen;
die Kinder, die keine Heimat haben;
die Kinder, die in großen Gefahren leben.
Laß uns ihnen helfen. Amen.

ДЕНЬ

Как молиться каждый день?

Если молитву справедливо называют вздохом души, тогда нам необходимо молиться каждодневно и всегда, и постоянно пребывать в духе молитвы - обращения к Богу и предания себя Ему и Его воле. Тогда мы живем перед Богом и с Богом.

Поэтому мы, христиане, молимся утром, в полдень и вечером, да и в другое время произносим короткие и усердные молитвы. Их можно произносить своими словами, но хорошо и полезно пользоваться для этого также уже составленными и испытанными молитвами. Ежедневная молитва должна стать твердой привычкой.

Молитвы для детей

Родителей моих поручаю Тебе, храни их, любимый Боже, мне.
Воздай им, что я не могу, Боже, то хорошее, что они мне сделали. Аминь.

Добрый Боже, ты дал мне отца и мать. Они заботятся обо мне. Они помогают мне. Прошу Тебя: Дай им здоровья. Дай им радости и силы. Помогай им, когда у них заботы. Дай, Боже, чтобы мы хорошо понимали друг друга. Держи над нами Твою покровительственную руку и дай нам вместе обрести Тебя. Аминь.

Мы просим Тебя, Господи, за всех людей, которые больны, которые одиноки, которые боятся и у которых болит что-нибудь.
Ты нужен им. Дай им людей, которые утешат их, которые им помогут. Аминь.

Мы молим Тебя. Иисус, помоги нам в нашем классе, чтобы у нас был хороший коллектив.
Ты показал нам, как один другому помогать должен.
Дай нам вместе достичь того, чего один достичь не может. Аминь.

Иисусе, мы не хотим забыть других детей в мире:
детей, которые голодны и у которых жажда;
детей, которые растут без родителей;
детей, у которых нет родины;
детей, которые живут в большой опасности.
Дай нам помочь им. Аминь.

Morgengebete

Herr, allmächtiger Gott, am Beginn dieses neuen Tages bitten wir dich: schütze uns heute durch deine Kraft. Bewahre uns vor Verwirrung und Sünde. Laß uns denken, reden und tun, was recht ist vor dir. Durch Christus, unseren Herrn. Amen.

Gotteslob Nr. 14/2

Gott, Vater im Himmel, ein neuer Tag hat angefangen; du schenkst ihn mir. Ich freue mich und danke dir dafür.
Vor allem aber danke ich dir, daß du überall und immer bei mir bist und mich allezeit liebst; das macht mich froh.
Zeige mir heute, was recht und was unrecht ist. Hilf mir, gut zu sein. Amen.

Tischgebet

Aller Augen warten auf dich, o Herr; du gibst uns Speise zur rechten Zeit. Du öffnest deine Hand und erfüllst alles, was lebt, mit Segen. Amen.

Abendgebete

Herr, in deine Hände lege ich voll Vertrauen meinen Geist. Amen.

Es segne und behüte uns der allmächtige und barmherzige Gott, der Vater, der Sohn und der Heilige Geist. Amen.

Ein Abendgebet der Familie

Bleibe bei uns, Herr, denn es will Abend werden, und der Tag hat sich geneigt. Bleibe bei uns und bei deiner ganzen Kirche.
Bleibe bei uns am Abend des Tages, am Abend des Lebens, am Abend der Welt.
Bleibe bei uns mit deiner Gnade und Güte, mit deinem heiligen Wort und Sakrament, mit deinem Trost und Segen.
Bleibe bei uns, wenn über uns kommt die Nacht der Trübsal und Angst, die Nacht des Zweifels und der Anfechtung, die Nacht des bitteren Todes.
Bleibe bei uns und bei allen deinen Gläubigen in Zeit und Ewigkeit. Amen.

Gotteslob Nr. 18/7

Утренние молитвы

Господи, всемогущий Боже, на заре этого нового дня мы просим Тебя: храни нас сегодня Твоею силою. Сохрани нас от прегрешений и греха. Дай нам думать, говорить и делать то, что правильно в Твоих глазах. Через Иисуса Христа, нашего Господа. Аминь.

Gotteslob Nr.14/2

Боже, Отче на небесах, новый день начался; Ты даруешь мне его. Я радуюсь и благодарю Тебя за это.
Но прежде всего благодарю Тебя за то, что Ты везде и всегда со мной и всегда любишь меня; я рад этому.
Покажи мне сегодня, что справедливо и что несправедливо. Помоги мне быть хорошим. Аминь.

Молитва перед едой

Все глаза ждут Тебя, о Господи; Ты даешь нам пищу в нужное время. Ты открываешь Твою руку и исполняешь все живое благословением и радостью. Аминь.

Вечерние молитвы

Господи, в Твои руки кладу доверительно дух мой. Аминь.

Да благословит и хранит нас всемогущий и милостивый Бог, Отец, Сын и Святой Дух. Аминь.

Семейная вечерняя молитва

Господи, останься у нас, потому что вечер наступает и день закатился. Останься с нами и со всей Твоей Церковью.
Останься у нас в вечер дня, в вечер жизни, в вечер мира.
Останься у нас с Твоей благодатью и добротой, с Твоим святым Словом и таинством, с Твоим утешением и благословением.
Останься у нас, когда на нас придет ночь печали и страха, ночь сомнения и искушения, ночь горькой смерти.
Останься у нас и у всех Твоих верующих теперь и всегда. Аминь.

Gotteslob Nr. 18/7

Wie immer beten?

Natürlich kann niemand immer Gebete aufsagen. Unsere Arbeit und unsere Freizeit kann aber vom Gebet getragen sein, wenn wir unseren Tag Gott anvertraut haben, von seinem Willen nicht lassen wollen und bereitwillig unser „Ja, Vater" zu ihm sagen.
Um die Verbindung mit Gott immer offenzuhalten, sind Stoßgebete nützlich, zum Beispiel:

Herr, ich glaube.
Mein Herr und mein Gott!
Mein Gott, ich vertraue auf dich.
Mein Gott, ich hoffe auf dich.
Herr, du weißst, daß ich dich liebe.

Besonders empfiehlt sich das „immerwährende Jesusgebet":

Herr Jesus Christus, erbarme dich meiner.
Herr Jesus Christus, Sohn Gottes, erbarme dich unser.

Die Anfänge dieser Gebetsform gehen zurück bis in die Zeit der Kirchenväter. Das Jesusgebet verbreitete sich vor allem in der Ostkirche, ist aber heute auch in weiten Kreisen des Westens bekannt.
Dieses Gebet ist eine Meditation, an der auch der Körper beteiligt ist. Der ganze Mensch soll frei sein von Unrast. Man muß sich zur Ruhe kommen lassen. Die Muskulatur soll völlig entspannt sein. Man wiederholt im Einklang mit dem Herzschlag oder mit dem Atem unablässig: „Herr Jesus Christus, erbarme dich meiner", oder: „Herr Jesus Christus, Sohn Gottes, erbarme dich unser". So versenkt man sich in die Gegenwart Jesu.
Nicht nur die Versenkung in Gott wird durch diese ständige Anrufung des Namens Jesus gefördert, sondern auch die Empfindung von Frieden und Versöhnlichkeit gegenüber allen Menschen, das Zurücktreten der eigenen Interessen und die Gelassenheit. Das Jesusgebet wird von jenen, die es üben, als ein Weg zur inneren Freiheit bezeichnet.

Christusgebet

Christus, du Sohn des lebendigen Gottes, erbarme dich unser.
Du sitzest zur Rechten des Vaters, erbarme dich unser.
Singt das Lob des Vaters und des Sohnes und des Heiligen Geistes.
Christus, du Sohn des lebendigen Gottes, erbarme dich unser.

НЕДЕЛЯ

Как молиться всегда?

Конечно же, никто не может всегда читать молитвы. Но наша работа и наше свободное время могут быть движимы молитвой, если мы вверили наш день Богу, и не хотим отойти от Его воли и с готовностью говорим Ему «Да, Отче».

Для того, чтобы постоянно поддерживать связь с Богом, полезно прибегать к коротким, усердным молитвам, как, например:

Господи, я верую.
Господи и Боже мой!
Боже мой, я доверяюсь Тебе.
Боже мой, я уповаю на Тебя.
Господи, Ты знаешь, что я Тебя люблю.

Особенно рекомендуем «вечную молитву к Иисусу»:

Господи Иисус Христос, помилуй меня.
Господи Иисус Христос, Сын Божий, помилуй нас.

Начала этих молитв восходят к самим отцам Церкви. Молитва к Иисусу распространилась прежде всего в Восточной Церкви, но сегодня широко известна и на Западе.

Эта молитва медитация, в которой участвует и тело. Человек должен быть совсем свободен от нервозности и беспокойства. Нужно дать себе успокоиться. Мускулатура должна быть полностью расслабленна. Человек в унисон с сердцебиением или с дыханием повторяет «Господи Иисусе, помилуй», или «Господи Иисусе Христос, Сын Божий, помилуй нас». Так человек погружается в присутствие Иисуса.

Такое постоянное взывание к имени Иисуса не только содействует погружению человека в Бога, но и содействует росту чувства покоя, примирения со всеми людьми и спокойствия, отходу личных интересов на задний план. Люди, которые прибегают к молитве к Иисусу, называют ее путем к внутренней свободе.

Молитва к Христу

Иисусе Христос, Ты - Сын Бога живого, помилуй нас.
Ты сидишь одесную Отца, помилуй нас.
Пойте хвалу Отцу и Сыну и Святому Духу.
Иисус Христос, Ты - Сын Бога живого, помилуй нас.

DAS JAHR

Die Kirche vergegenwärtigt im Lauf des Jahres die Heilsgeheimnisse des Lebens Christi. Weihnachten, Ostern und Pfingsten sind die Höhepunkte und Hochfeste des „Kirchenjahres". Jeden Sonntag schöpft die Kirche aus dem Reichtum der Bibel und verkündet Gottes Wort.

Dazu gedenkt sie der Heiligen und stellt uns lebendige Zeugen des Evangeliums vor Augen. Insbesondere hebt sie die Feste Mariens, der Mutter Gottes, der Apostel und der Martyrer und Bekenner hervor. Besonders angesprochen fühlen wir uns von Gedenktagen der heiligen Männer und Frauen, die in ähnlichen Lebensumständen wie wir oder in unserer Zeit gelebt haben oder deren Namen wir tragen.

Der Kalender des Jahres lädt dazu ein, im „Herrenjahr" und im „Heiligenjahr" mit der Kirche zu leben, um Christus, dem Herrn, nachzufolgen. Hilfsmittel dafür sind das Gotteslob und das Meßbuch der Kirche (der Schott in seinen verschiedenen Ausgaben).

Auf die Hochfeste des Kirchenjahres – Weihnachten und Ostern – führen die Vorbereitungszeiten hin.

Der Advent bereitet uns auf das Fest der Menschwerdung Gottes in Jesus Christus vor.

Die Fastenzeit läßt uns in Umkehr vom Bösen und erneuter Entschiedenheit für die Nachfolge Christi Ostern entgegengehen.

Die Mitfeier des Kirchenjahres erschließt immer neu die Reichtümer des Glaubens und der geistlichen Erfahrung.

Auch wenn wir heute keine strenge Vorschrift mehr haben, den Freitag als Abstinenztag zu halten, so empfiehlt sich doch, an diesem Tag – dem Tag der Kreuzigung unseres Herrn – durch Gebet und Freitagsopfer unsere Gemeinschaft mit Christus zu erneuern und zu bekräftigen. Verzicht an Speise und Trank (Fasten), besonders an Genußmitteln, kann uns dafür auch eine Hilfe sein. Denn der Mensch ist ein Wesen aus Leib und Seele; der ganze Mensch soll beten und sich Gott zuwenden.

Der Geist des Gebetes macht feinfühlig und erfinderisch und entdeckt die Möglichkeiten, in unserem Alltag bei Gott zu bleiben. Er macht hellhörig und klarsichtig und läßt uns Gott für alles danken, was er uns schickt.

ГОД

В течение года Церковь поминает таинства спасения жизни Иисуса Христа. Рождество, Пасха, Пятидесятница - вот высшие точки и престольные праздники «Церковного года». Каждый воскресный день черпает Церковь из сокровищ Библии и возвещает Слово Божие.

При этом она поминает святых и показывает нам живых свидетелей Евангелия. В особенности она выделяет праздники Марии, Матери Божией, Апостолов, мучеников и верующих. Особенно сильное воздействие на нас оказывают годовщины святых мужей и жен, живших в таких же жизненных обстоятельствах, как и мы, или в наше время, а также тех, имена которых мы носим.

Годовой календарь предоставляет нам возможность в «Год Господа» или в «святой год» жить вместе с Церковью, чтобы подражать Христу, Господу нашему. Пособиями для этого служат Gotteslob и требник Церкви (разные издания Schott).

Престольным праздникам Церкви - Рождество и Пасха - предшествуют подготовительные периоды.

Адвент подготавливает нас к празднику воплощения Бога в человека в Иисусе Христе.

Время поста дает нам возможность идти навстречу Пасхе в обращении от зла и в новой решимости быть подражателем Христа.

Соучастие в праздновании Церковного года всегда по-новому открывает перед нами сокровища веры и духовного опыта.

Даже если у нас и нет нынче никаких строгих повелений считать праздник днем воздержания, все же рекомендуется в этот день - в день распятия нашего Господа - обновить и укрепить молитвой и жертвой страстной пятницы наше единство с Господом. Воздержание от пищи и питья (пост), в особенности от деликатесов, тоже может быть для нас помощью в этом. Потому что человек - существо из плоти и души; весь человек должен молиться и обратиться к Богу.

Дух молитвы делает человека чувствительным и изобретательным и открывает возможности оставаться в наши будни с Богом. Он заостряет наши слух и зрение и дает нам возможность благодарить Бога за все, что Он нам дарует.

Durch Jesus Christus haben wir Zugang zu Gott, unserem Vater. Sein Herz ist für uns die Quelle aller Liebe und Gnade Gottes; aus ihm strömen uns alle Gaben des Heiligen Geistes zu. Darum verehren die Christen die göttliche Liebe besonders unter dem Zeichen des Herzens Jesu, das am Kreuz für uns durchbohrt worden ist.
Wir feiern das Herz-Jesu-Fest in der dritten Woche nach Pfingsten. Jeden ersten Freitag im Monat halten wir den Herz-Jesu-Freitag.

Gebet vom Herz-Jesu-Fest

Allmächtiger Gott,
wir verehren das Herz deines geliebten Sohnes und preisen die großen Taten seiner Liebe.
Gib, daß wir aus dieser Quelle göttlichen Erbarmens die Fülle der Gnade und des Lebens empfangen.
Darum bitten wir durch Jesus Christus deinen Sohn, unseren Herrn und Gott, der in der Einheit des Heiligen Geistes mit dir lebt und herrscht in alle Ewigkeit.
Amen.

Через Иисуса Христа мы имеем доступ к Богу, нашему Отцу. Сердце Его для нас - источник всякой любви и благодати Божией; от Него изливаются к нам все дары Святого Духа. Поэтому почитают христиане Божью любовь, в особенности под знаком Сердца Иисуса, которое на распятии было пронзено за нас.
Праздник Сердца Иисуса мы празднуем в третью неделю после Пасхи. В каждую первую пятницу месяца мы отмечаем страстную пятницу Сердца Иисуса.

Молитва из праздника Сердца Иисуса

Всемогущий Боже,
мы почитаем сердце Твоего любимого Сына и славим великие деяния Его любви.
Дай нам обрести полноту благодати и жизни от этого источника божественной благодати.
Об этом молим мы через Иисуса Христа, Твоего Сына, нашего Господа и Бога, Который, совместно со Святым Духом, с Тобой пребывает и царствует вечно.
Аминь.

DIE HEILIGEN

Wie helfen die Heiligen beten?

Gute Lebensbeschreibungen der Heiligen sind ein Stück Auslegung des Evangeliums in einer bestimmten Zeit durch einen Menschen in seinen Lebensumständen. Sie können zu einer Einladung zur Nachfolge Christi werden (wie z. B. im Fall der Bekehrung des Ignatius von Loyola). In der Begegnung mit einem Heiligen geschieht eine Begegnung mit dem lebendigen Gott durch das Medium eines glaubwürdigen Zeugen.
Dadurch werden wir aufgefordert zum Dank für das Beispiel eines solchen Menschen, und aufgerüttelt, das Evangelium auch in unserem eigenen Leben und auf unsere Weise zu verwirklichen. Worte und Gebete der Heiligen sind für unser eigenes Meditieren und Beten hilfreich.

Niklaus von Flüe betete oft:

> Mein Herr und mein Gott, nimm alles von mir, was mich hindert zu dir.
> Mein Herr und mein Gott, gib alles mir, was mich fördert zu dir.
> Mein Herr und mein Gott, nimm mich mir und gib mich dir.

Franz von Sales verglich das Leben der Heiligen mit dem Evangelium; er meinte, das geschriebene Evangelium sei wie Musik in Noten, das Leben der Heiligen sei die nämliche Musik, aufgeführt von großen Künstlern, bewegend und hinreißend.

Alle, die an Christus glauben, bilden zusammen eine große Gemeinschaft. Gott hat sie zu einem heiligen Volk berufen. Der Apostel Paulus nennt die Gläubigen „Heilige", weil sie Gott, dem Heiligen, gehören und weil Christus sie geheiligt hat. Heilige sind ein Werk der Gnade Gottes.

Im Gloria der heiligen Messe beten wir zu Christus:

> „Du allein bist der Heilige"

Wenn wir heute einen Menschen „heilig" nennen, meinen wir damit, daß er sein Leben mit der Gnade Gottes ganz nach dem Vorbild Jesu Christi gestaltet hat. Er liebte Gott und die Menschen, er erfüllte den Willen Gottes und folgte Jesus nach.

СВЯТЫЕ

Хорошие жизнеописания святых - составной элемент толкования Евангелия через конкретного человека в обстоятельствах его жизни в определенную эпоху. Они могут стать для человека приглашением стать последователем Христа (например, обращение Игнатия Лойолы). Во встрече с со святым происходит встреча с живым Богом через посредничество заслуживающего доверия свидетеля.

Это призывает нас к выражению чувства благодарности за личный пример такого человека и побуждает нас тоже реализовать Евангелие в нашей собственной жизни и на наш собственный манер. Слова и молитвы святых помогают нам в нашем размышлении и нашей молитве.

Николай фон Флюе часто молится:

Мой Господь и мой Бог, возьми у меня всё, что мешает мне прийти к Тебе.
Мой Господь и мой Бог, дай мне все, что приближает меня к Тебе.
Мой Господь и мой Бог, возьми меня и отдай меня Себе.

Франц фон Салес сравнивал жизнь святых с Евангелием; он считал, что записанное Евангелие – это записанная нотами музыка, а жизнь святых - это естественная музыка в исполнении великих мастеров, трогательная и захватывающая.

Все верующие во Христа составляют вместе большую общину. Бог призвал их стать святым народом. Апостол Павел называет верующих »святыми«, потому что они принадлежат Богу – Святому, и потому что Христос освятил их. Святые - это дело благодати Божией.

В Глория святой мессы мы молимся Христу:

«Ты один свят»

Когда мы сегодня называем какого-нибудь человека «святой», мы имеем в виду, что он, по благодати Божией устроил свою жизнь по примеру Иисуса Христа. Он любил Бога и людей, он исполнял волю Божию и следовал Иисусу.

Die Heiligen waren in ihrem Erdenleben allesamt betende Menschen. Sie haben dabei die Nöte der Menschen mit ins Gebet hineingenommen: Sie waren Fürsprecher.
Die Fürbitte ist ein wichtiges biblisches Thema. Viele Beispiele im Alten und neuen Testament stellen uns fürbittende Menschen vor Augen. Jesus hat für seine Jünger und alle, die auf ihr Wort hin an ihn glauben, Fürbitte eingelegt.

Man sagt: „Niemand ist lebendiger als ein toter Heiliger" – in dieser Überzeugung dürfen wir die Heiligen im Himmel bei Gott auch als unsere Fürsprecher anrufen. Gerade wenn sie uns vertraut sind, werden wir sie als Freunde bei Gott anrufen als Nothelfer in schweren Anliegen, als Tröster in Kummer und Sorgen.
Die Verehrung der Heiligen im Gebet macht sie für uns zu einer „Kontaktstelle" mit Gott.
Besonders gilt das von *Maria, der Mutter Gottes und Helferin der Christen.*

An allen Hochfesten des Herrn im Kirchenjahr verehren wir auch Maria, seine Mutter.

Die beiden höchsten Marienfeste im Laufe des Jahres sind:

Das Hochfest der ohne Erbsünde empfangenen Gottesmutter Maria (8. Dezember): Von Ewigkeit her ist Maria erwählt gewesen, Mutter Gottes zu sein. Darum hat Gott sie vom ersten Augenblick ihres Lebens an von jedem Makel der Sünde bewahrt.
Das Hochfest der Aufnahme Mariens in den Himmel (15. August): Maria ist nach ihrem irdischen Leben mit Leib und Seele in die himmlische Herrlichkeit aufgenommen worden.

Allmächtiger, ewiger Gott,
du hast die selige Jungfrau Maria, die uns Christus geboren hat, vor aller Sünde bewahrt und sie mit Leib und Seele zur Herrlichkeit des Himmels erhoben. Gib, daß wir auf dieses Zeichen der Hoffnung und des Trostes schauen und auf dem Weg bleiben, der hinführt zu deiner Herrlichkeit. Darum bitten wir durch Jesus Christus, deinen Sohn, unseren Herrn und Gott. Amen.

В своей земной жизни все святые были молящимися людьми. При этом они вкладывали в свои молитвы нужды людей: они были заступниками.

Заступничество, ходатайство за других - важная библейская тема. В Ветхом и Новом Заветах перед нашими глазами встают многие заступники. Иисус ходатайствовал за Своих учеников и за всех, кто в Него верил.

Есть такая поговорка: «Самый живой - умерший святой». Убежденные в этом, мы можем обращаться к святым на небесах как к своим заступникам. Именно тогда, когда мы знаем их, обращаемся мы в тяжелые моменты к ним за помощью в беде, как к друзьям, находящимся у Бога, как к утешителям в печали и заботах.

Когда мы почитаем святых в молитве, они становятся для нас «местом, где мы можем вступить в контакт» с Богом.

В особенности это относится к *Деве Марии, Матери Божией и Помощнице христиан.*

Во время всех престольных праздников Церковного года почитаем мы и Марию, Его Матерь.

Самые большие праздники Девы Марии в Церковном году:

Престольный праздник непорочного зачатия Матери Божией Марии (8-е декабря): предвечно Мария была избрана быть Матерью Божией. Поэтому Бог с первого мгновения Её жизни охранял Её от всякого греха.

Престольный праздник вознесения Марии на небеса (15-ое августа): после Её земной жизни Мария была в теле и с душой принята в небесную славу.

Всемогущий, предвечный Бог,
Ты хранил блаженную Деву Марию, родившую нам Христа, от всякого греха и вознес Её в теле и душе в небесную славу. Дай нам смотреть на этот знак надежды и утешения и оставаться на пути, ведущем к Твоей славе. Об этом молим мы через Иисуса Христа, Твоего Сына, нашего Господа и Бога.

DER ROSENKRANZ

Wie betet man den Rosenkranz?

Der Rosenkranz ist ein betrachtendes Gebet. Am leichtesten lernt man ihn in Gemeinschaft beten. Dabei erlebt man die einzelnen Ave Maria eines jeden Gesätzes wie Wellenschläge oder wie Atemzüge. Wir verweilen bei den jeweiligen Heilsgeheimnissen des Herrn in seiner Kindheit, in seinem Leiden und in seiner Herrlichkeit.
Unter den vielen Gebeten und Liedern hat das Rosenkranzgebet seine besondere Bedeutung.

Das Rosenkranzgebet ist wie die Summe des ganzen Evangeliums.

Papst Paul VI.

Der Rosenkranz übt ein in den Glaubensgehorsam, er nährt Hoffnung und Liebe und ist eine mächtige Fürbitte in den vielen Nöten der einzelnen Menschen und der ganzen Welt. Insbesondere wird er – gemäß der Botschaft von Fatima – gebetet um die Bekehrung Rußlands und für den Frieden der Welt.
Jedes Gesätz beginnt mit dem Vaterunser. Es folgt zehnmal das Ave Maria; nach dem Namen „Jesus" wird jedesmal das entsprechende Geheimnis eingefügt. Das Gesätz schließt mit dem Ehre sei dem Vater.

Eröffnung

Im Namen des Vaters...
Ich glaube an Gott... Ehre sei dem Vater... Vater unser... Gegrüßet seist du, Maria...
Jesus, der in uns den Glauben vermehre
Jesus, der in uns die Hoffnung stärke
Jesus, der in uns die Liebe entzünde
Ehre sei dem Vater...

Die freudenreichen Geheimnisse:

Jesus, den du, o Jungfrau, vom Heiligen Geist empfangen hast
Jesus, den du, o Jungfrau, zu Elisabet getragen hast
Jesus, den du, o Jungfrau, (in Betlehem) geboren hast
Jesus, den du, o Jungfrau, im Tempel aufgeopfert hast
Jesus, den du, o Jungfrau, im Tempel wiedergefunden hast

РОЗЕНКРАНЦ

Как молиться Розенкранц?

Розенкранц - это созерцательная молитва. Легче всего научиться ей при совместном молении. При этом человек ощущает «Аве Марию» каждого куплета как удары волн, или как вздохи. При соответствующем таинстве спасения Господа мы пребываем в Его детстве, Его страстях и в Его славе.

Среди множества молитв и песен Розенкранц имеет особое значение.

Молитва Розенкранц - это как бы сумма всего Евангелия.

Папа Павел VI

Розенкранц внедряется в послушание верующего, питает надежду и любовь, и является сильной просьбой во многих нуждах каждого человека и всего мира. В особенности читают ее из-за вести Фатимы, при молебнах об обращении России и за мир во всем мире.

Каждый куплет начинается с Отче наш. За этим следует десятикратное Аве Мария; после имени «Иисус» каждый раз вставляется соответствующее таинство. Молитва заканчивается Славословием Отцу.

Начало

Во имя Отца...
Я верую в Бога... Слава Отцу... Отче наш... Приветствуем Тебя, Мария...
Иисус, Который умножает в нас веру
Иисус, Который укрепляет в нас надежду
Иисус, Который зажигает в нас любовь
Слава Отцу...

Радостные таинства

Иисус, Которого Ты, о Дева, зачала от Святого Духа
Иисус, Которого Ты, о Дева, понесла к Елизавете
Иисус, Которого Ты, о Дева, родила в Вифлееме
Иисус, Которого Ты, о Дева, принесла в храме в жертву
Иисус, Которого Ты, о Дева, вновь нашла в храме

Die schmerzhaften Geheimnisse:

Jesus, der für uns Blut geschwitzt hat
Jesus, der für uns gegeißelt worden ist
Jesus, der für uns mit Dornen gekrönt worden ist
Jesus, der für uns das schwere Kreuz getragen hat
Jesus, der für uns gekreuzigt worden ist

Die glorreichen Geheimnisse:

Jesus, der von den Toten auferstanden ist
Jesus, der in den Himmel aufgefahren ist
Jesus, der uns den Heiligen Geist gesandt hat
Jesus, der dich, o Jungfrau, in den Himmel aufgenommen hat
Jesus, der dich, o Jungfrau, im Himmel gekrönt hat

Das Gebet des Rosenkranzes ist *biblisch;* es bewahrt die Worte der Heiligen Schrift.
Das Gebet des Rosenkranzes ist *meditativ;* es führt zur Betrachtung.
Das Gebet des Rosenkranzes ist *einfach;* jeder kann diese Sprache verstehen. Einfachheit ist der Prüfstein der Wahrheit.

Мучительные таинства

Иисус, Который за нас потел кровью
Иисус, Которого за нас бичевали
Иисус, на Которого за нас надели терновый венец
Иисус, Который нес за нас тяжелый крест
Иисус, Который был распят за нас

Славные таинства

Иисус, Который воскрес из мертвых
Иисус, Который вознесся на небо
Иисус, Который послал нам Святого Духа
Иисус, Который Тебя, о Дева, на небо взял
Иисус, Который возложил на Тебя, о Дева, венец на небесах

Молитва Розенкранц носит *библейский характер;* в ней сохранены слова Священного Писания.

Молитва Розенкранц носит *созерцательный характер,* она ведет к созерцанию.

Молитва Розенкранц *проста:* каждый может понять ее язык. Истина испытывается простотой.

FÜRBITTE

Wie für alle beten?

Wer als Christ den Nächsten liebt, wie er sich selbst liebt – gemäß dem Hauptgebot der Liebe –, der kann ihn auch im Gebet nicht vergessen. Wenn er mit offenen Augen die Mitmenschen sieht, ihre Nöte, ihre Sorgen, ihre Schwierigkeiten, ihre Gefährdungen, auch ihre Sünden und ihren Unglauben – so wird er die Menschen und die Welt mit ins Gebet nehmen. Er wird Gutes für alle wünschen – wie Gott es will, wie er es fügt, wann er es will. Er wird die Mitmenschen gewissermaßen Gott ans Herz legen – im Bewußtsein, daß dies ganz und ohnehin der Gesinnung Gottes zu uns Menschen entspricht.

Ein altes Gebet der Fürbitte, das jahrhundertelang in unseren Gottesdiensten immer wieder gebetet wurde, ist *das allgemeine Gebet des heiligen Petrus Canisius.* Er hat es selber verfaßt und einem Brief aus Augsburg an einen Freund beigelegt. Das Gebet stand auch in seinem berühmten Katechismus. In heutiger Fassung steht es in unserem Gotteslob (Nr. 790, S. 885) und kann auch heute noch Muster und Anregung einer allgemeinen Fürbitte sein.

Das allgemeine Gebet

V Allmächtiger, ewiger Gott, Herr, himmlischer Vater! Sieh an mit den Augen deiner Barmherzigkeit den Jammer der Menschen, ihr Elend und ihre Not. Erbarme dich aller Gläubigen, für die dein Sohn, unser Herr und Heiland Jesus Christus, sich freiwillig in die Hände der Sünder gegeben und sein kostbares Blut am Stamm des Kreuzes vergossen hat.
A Durch diesen Herrn Jesus Christus / wende ab, gütiger Vater, die wohlverdienten Strafen / gegenwärtige und zukünftige Gefahren, / Aufruhr, Krieg, Teuerung, / Krankheiten und unheilvolle Zeiten.

V Erleuchte und stärke in allem Guten die geistlichen und weltlichen Vorgesetzten, damit sie alles fördern, was deiner Ehre und unserem Heil dient, zum allgemeinen Frieden und zur Wohlfahrt der ganzen Welt.
A Verleihe uns, o Gott des Friedens, / rechte Vereinigung im Glauben ohne alle Spaltung und Trennung. / Bekehre unsere Herzen zur wahren Buße und Besserung des Lebens. / Entzünde in uns das Feuer deiner Liebe. / Gib uns Eifer und Hunger nach aller Gerechtigkeit, / damit wir, deinem Willen gehorsam, im Leben und Sterben dir angenehm und wohlgefällig sind.

ХОДАТАЙСТВО

Как молиться за всех?

Кто, будучи христианином, любит ближнего, как самого себя - в соответствии с главной заповедью любви -, тот не может забыть его и в молитве. Когда человек открытыми глазами видит своих собратьев и сограждан, их нужды, их заботы, их трудности, грозящие им опасности, а также их грехи и их неверие, он примет людей и мир в свою молитву. Он будет желать всем хорошее - как того хочет Бог, как Он это устраивает, когда Он того хочет. Человек как бы убедительно просит Бога об этих людях - в сознании того, что это все равно соответствует расположению Бога к нам, людям.

Старая молитва-ходатайство, которую на протяжении многих столетий неоднократно возносили к Богу, это общая молитва святого Петра Канисиуса. Он сам сочинил и приложил ее к письму, которое он послал одному другу из Аугсбурга. Эта молитва стояла и в его знаменитом катехизисе. В сегодняшней редакции стоит она в нашем Gotteslob (Nr. 790; с.885). и может еще сегодня служить образцом и толчком к общей молитве-ходатайству за других.

Общая молитва

Ч (чтец): Всемогущий извечный Бог, Господь, небесный Отец! Взгляни Своим милостивым взором на человеческую скорбь, на их жалкое состояние и их нужду. Помилуй всех верующих, за которых Сын Твой, наш Господь и Спаситель Иисус Христос добровольно отдал Себя в руки грешников и пролил Свою драгоценную кровь на Кресте.
В (все): Ради того Господа Иисуса Христа / отврати, милосердный Отче, заслуженные наказания / нынешние и будущие опасности, / смятения, войны, повышение цен, болезни и роковые времена.

Ч (чтец): Просвети и укрепи во всем хорошем мирское и духовное начальство, чтобы они содействовали всему тому, что служит Твоей славе и нашему спасению, ко всеобщему миру и на благо всего мира.
В (все): Дай нам, Бог мира, подлинное единство в вере без всякого раскола и разделения. / Обрати наши сердца к подлинному покаянию и исправлению жизни. / Зажги в нас огонь Твоей любви. / Дай нам усердие и жажду всякой справедливости, / чтобы мы, повинуясь Твоей воле, снискали Твое благоволение.

V Wir bitten dich, wie du willst, o Gott, daß wir bitten sollen, für unsere Freunde und Feinde, für Gesunde und Kranke, für Betrübte und Bedrängte, für Lebende und Verstorbene.

A Dir, o Gott, sei empfohlen unser Tun und Lassen, / unser Handel und Wandel, / unser Leben und Sterben. / Laß uns hier in deiner Gnade leben / und dort in der Gemeinschaft der Heiligen dich ewig loben und ehren. / Das verleihe uns, Herr, himmlischer Vater, / durch Jesus Christus, deinen lieben Sohn, unsern Herrn und Heiland, / der mit dir und dem Heiligen Geiste als gleicher Gott lebt und herrscht in Ewigkeit. Amen.

2. Jedes Geschöpf lebt von der Frucht der Erde; / doch daß des Menschen Herz gesättigt werde, / hast du vom Himmel Speise uns gegeben / zum ewgen Leben.
3. Wir, die wir alle essen von dem Mahle / und die wir trinken aus der heilgen Schale, / sind Christi Leib, sind seines Leibes Glieder / und alle Brüder.
4. Aus vielen Körnern ist ein Brot geworden: / so führ auch uns, o Herr, aus allen Orten / zu einer Kirche brüderlich zusammen / in Jesu Namen.
5. In einem Glauben laß uns dich erkennen, / in einer Liebe dich den Vater nennen; / eins laß uns sein wie Beeren einer Traube, / daß die Welt glaube.
6. Gedenke, Herr, die Kirche zu erlösen, / sie zu befreien aus der Macht des Bösen, / als Zeugen deiner Liebe uns zu senden / und zu vollenden.

T: Maria Luise Thurmair 1969
M: Johann Crüger 1640

Ч (чтец): Мы просим Тебя, так, как Ты хочешь, о Боже, чтобы мы Тебя просили, за наших друзей и врагов, за здоровых и больных, за опечаленных и находящихся в затруднении, за живых и за умерших.
В (все): Тебе, о Боже, вверяем все наше поведение, / нашу жизненную суету, / нашу жизнь и наше стремление. / Дай нам жить здесь в Твоей благодати, / и там, в сообществе святых, вечно славить Тебя и возносить Тебе хвалу. / Дай нам это, Господи, небесный Отец, / через Иисуса Христа, Твоего любимого Сына, нашего Господа и Спасителя, / Который с Тобой и с Твоим Святым Духом как равный Бог живет и царствует вечно. Аминь.

Спасибо Тебе, Отче, за вечную
жизнь и за веру, которую Ты нам да-
ровал, чтобы мы Тебя в Иисусе Христе
познали и Отцом называли.

2. Всякое создание живет от плодов земли; / но чтобы на сытить сердце человеческое, / Ты дал нам пищу небесную / для вечной жизни.
3. Мы, которые все питаемся от трапезы, / и которые пьем из священной чаши, / мы - Тело Христово и члены Его Тела / и мы все братья.
4. Из многих зерен получился хлеб:/ так сведи и нас, Господи, из всех мест / в одну Церковь, по-братски вместе/ во имя Иисуса.
5. В одной вере дай нам познать Тебя, / в одной любви называть Тебя Отцом;/ дай нам быть едиными, как ягоды одной грозди, / чтобы мир уверовал.
6. Помни, Господи, об избавлении Церкви, / освободить её из власти зла,/ послать нас свидетелями Твоей любви / и исполнить все сполна.

Текст: Мария Луиза Турмайр 1969

Drei gute Worte

1. Ein Bibelwort:

Spruch des Herrn: Ich, ich kenne meine Pläne, die ich für euch habe;
Pläne des Heils und nicht des Unheils;
denn ich will euch eine Zukunft und eine Hoffnung geben.
Wenn ihr mich ruft, wenn ihr kommt und zu mir betet, so erhöre ich euch.
Sucht ihr mich, so findet ihr mich.
Wenn ihr von ganzem Herzen nach mir fragt, lasse ich mich von euch finden.

Jer 29,10

2. Ein Wort aus der heiligen Messe

Erlöse uns, Herr, allmächtiger Vater, von allem Bösen
und gib Frieden in unseren Tagen.
Komm uns zu Hilfe mit deinem Erbarmen
und bewahre uns vor Verwirrung und Sünde, damit wir voll Zuversicht
das Kommen unseres Erlösers Jesus Christus erwarten.
Denn dein ist das Reich und die Kraft und die Herrlichkeit in Ewigkeit.
Amen.

3. Ein Wort der kirchlichen Überlieferung

Die Barmherzigkeit will, daß du barmherzig bist,
und die Gerechtigkeit will, daß du gerecht bist,
damit im Geschöpf der Schöpfer sichtbar wird
und im Spiegel des Menschenherzens das Bild Gottes erglänzt.

Leo der Große (gestorben 461)

ТРИ ХОРОШИХ СЛОВА

1. Слово из Библии:

Так говорит Господь: ... Только Я знаю намерения, какие имею о вас, намерения во благо, а не в зло,
чтобы дать вам будущность и надежду.
И воззовете ко Мне, и пойдете и помолитесь Мне, и Я услышу вас.
И взыщете Меня, и найдете,
если взыщете Меня всем сердцем вашим.

Иер. 29:10-13

2. Слово из святой мессы:

Избави нас, Господи, всемогущий Отец, от всякого зла
и дай нам мир во все дни наши.
Помоги нам, по Твоей милости,
и сохрани нас от прегрешений и грехов, чтобы мы могли в полной уверенности
ждать пришествия нашего Спасителя, Иисуса Христа.
Ибо Твое есть Царство и сила и слава вовеки. Аминь.

3. Слово из Церковного предания

Милость хочет, чтобы ты был милостив,
и справедливость хочет, чтобы ты был справедлив,
чтобы в создании был виден Создатель
и сердце человеческое дополнило образ Божий.

Лев Великий (ум.461)

Ein Nachwort

Ein so kleines Buch wie dieses kann nicht mehr als *Zugänge eröffnen* zu der Fülle des christlichen Glaubens. Was Bibel und Kirche von Gott und von den Menschen zu sagen haben, ist weit und groß; auch die Vielfalt all dessen, was als Ausdruck und Verkörperung des Glaubens in 2000 Jahren gewachsen ist, ist unerschöpflich. Hier also kann es sich nur um einige Zugänge handeln. Zugänge zum Christlichen scheinen in der heutigen Zeit eine unerläßliche Aufgabe zu sein. Was Christsein bedeutet, wissen viele nicht. Darum möchte dieses kleine Buch ein kurzgefaßtes Grundwissen vermitteln.

Als Hilfe für den Leser seien einige Hinweise erlaubt.

Unsere Welt hat sich seit dem Ersten Vatikanum (1869–1870) sehr gewandelt. Es war das Anliegen des Zweiten Vatikanums, die Kirche und das Bewußtsein der Gläubigen für die heutige Situation aufzuschließen, die Zeichen der Zeit zu erkennen und damit die Aufgabe, die uns Gott dabei stellt. Diese Aufgabe ist mit den Beschlüssen dieses Konzils nicht erledigt, sondern hat damit erst begonnen und sie dauert an, und zwar unter schwieriger gewordenen Umständen.

Wenn vor hundert Jahren die Familien in unserem Volk vielfach kinderreich waren, die Ehen heute aber kinderarm sind, so heißt das für die Kirche, für die Gemeinschaft der Glaubenden, daß der Nachwuchs auch für geistliche Berufe geringer wird. Das schafft in der Kirche unseres Landes eine neue Situation. Es wird deutlich, daß alle Christen um die Weitergabe des Glaubens mit Sorge tragen müssen – dazu war immer schon jeder Gläubige berufen. Aber der Glaube selber ist hierzulande und in vielen Herzen schwach geworden oder „verdunstet“. Dabei haben wir die gläubige Zuversicht und das Vertrauen auf Gott, der zu seiner Schöpfung und seiner Menschheit steht, gerade in den Gefahren unserer Zeit und Umwelt besonders nötig. Wir können diese Zuversicht neu lernen gerade von den jungen Kirchen in der Dritten Welt, deren Probleme oft noch größer sind als die unseren und deren Wagemut und Glaubenskraft auf uns ansteckend wirken könnte.

Послесловие

Такая небольшая книжка, как эта, может открыть лишь доступ к изобилию христианской веры. То, что Библия и Церковь хотят сказать о Боге и о человеке, пространно и огромно; неисчерпаемо и многообразие того, что выросло в ходе 2000-летней истории веры, как её выражение и воплощение. Потому здесь речь может идти лишь о некоторых подступах к ней. Подступы к христианству кажутся нынче необходимой задачей. Многие не знают, что значит христианин. Поэтому мы хотели в той книжке дать в кратком изложении фундаментальные знания.

В помощь читателю хотим дать некоторые указания.

Со времени Первого Ватиканского собора (1869-1870) мир очень изменился. Второй Ватиканский собор должен был открыть Церковь и сознание верующих для сегодняшней ситуации в мире, узнать знамения нашего времени и, тем самым, задание, которое ставит при этом перед нами Бог. Решения собора не решили этой задачи, он лишь начал это дело и оно продолжается, причем в еще более тяжелых обстоятельствах.

Сто лет тому назад семьи в нашей стране были по большей части многодетными, а сегодня в большинстве браков лишь несколько детей; это значит для Церкви, для общины верующих, что становится немногочисленным и пополнение для духовных служителей. Это создает совершенно новое положение в Церкви нашей страны. Становится ясным, что все христиане должны заботиться о передаче нашей веры дальше - другим народам, другим людям и другим поколениям - к этому всегда был призван каждый верующий. Но в нашей стране вера во многих сердцах ослабела, или «испарилась». Одновременно, как раз в опасностях, которые возникли в нашу эпоху и для нашей окружающей среды, нам особенно нужна уверенность веры и упование на Бога, Который помогает Своему созданию и Своему человечеству. Мы можем снова учиться этой уверенности у молодых Церквей стран третьего мира, перед которыми часто стоят ещё большие проблемы, чем наши, а смелость и сила веры которых могла бы заразительно подействовать на нас.

Wenn ich ein gläubiger Christ sein oder werden will, dann muß ich folgendes ernst nehmen:

- Ich muß loskommen vom Egoismus, der immer mehr haben oder genießen will.
- Ich muß frei werden von der Überfütterung durch nutzlose Informationen und Unterhaltung.
- Ich muß mich dafür einsetzen, daß ich mit meinen Mitmenschen die Zukunft gewinnen kann.
- Ich muß einer werden, der im Glauben an den Schöpfer die Zuversicht hat, daß die Welt und unser Leben in Gottes guten Händen liegt, was immer auch kommen mag.

Damit begebe ich mich in die Nachfolge Christi, die Selbstlosigkeit und Selbstüberwindung einschließt; damit begebe ich mich in ein besinnliches, betendes Leben, das immer wieder auch der Stille bedarf. Damit suche ich nach einem Lebensstil, der die Nöte der Menschen ernst nimmt. Das alles vermag ich in der Gemeinschaft der Kirche, mit der ich lebe; aus dem Geist, den Jesus Christus gibt; aus der Gnade, die diese Kirche aus schwachen Menschen trägt und hält.

Christen, die so leben, dürfen gewiß sein: In alledem eröffnen wir den Kindern und denen, die mit uns leben, Zugänge zum gläubigen Dasein heute. Christen sind nüchterne Gläubige, wache Zeitgenossen, kritische Beobachter; keine angstvollen Panikmacher und schon gar keine esoterisch Erleuchteten. Ihre Füße bleiben auf dem steilen und steinigen Boden dieser Welt; aber ihr Herz will Gott und den Menschen gehören. Sie vertrauen dem unbegreiflichen barmherzigen Gott und sie stellen sich jedem, der sie nach ihrem Glauben und nach ihrer Hoffnung befragt. Mit ihnen zu reden lohnt sich, mit ihnen zu leben macht froh; mit ihnen zu beten verbindet mit allen Menschen auf dieser Welt, vor Gott und mit Gott. Christen schließen alle ein, wenn sie rufen:

Vater, dein Reich komme!

Если я хочу быть верующим христианином, или стать таковым, тогда я должен серьезно относиться к этому:

– я должен освободиться от эгоизма, который хочет все больше иметь или все больше наслаждаться.
– я должен освободиться от перенасыщения ненужной информацией и развлечений.
– я должен вступиться за это, чтобы я мог вместе с моими собратьями обрести будущее.
– я должен стать человеком, который в вере на Создателя уповает на то, что мир и наша жизнь находятся в добрых руках Бога, чтобы ни случилось в будущем.

Тем самым я становлюсь последователем Иисуса Христа, что включает в себя самоотверженность, беззаветность и самообладание; тем самым я вступаю в созерцательную молитвенную жизнь, которая иногда требует тишины. Тем самым я ищу такой образ жизни, который серьезно относится к нуждам собратьев, других людей. Все это я способен совершить в церковной общине, в которой я живу; из Духа, который дает Иисус Христос; от благодати, которая несет и поддерживает эту Церковь, состоящую из слабых людей.

Христиане, которые так живут, могут быть уверены: во всем этом мы открываем детям и тем, кто живет с нами, доступ к верующей жизни сегодня. Христиане - трезвые верующие, бдительные современники, критические наблюдатели, не какие-то напуганные паникёры и уж вовсе не эзотерически освещенные. Они стоят ногами на крутом и каменистом грунте этого мира; но сердцем они хотят принадлежать Богу и людям. Они уповают на таинственного, непознаваемого милосердного Бога, и они готовы отвечать каждому, кто спрашивает их об их вере и их надежде. С ними стоит говорить, жизнь с ними дает радость; молиться с ними - это связывает со всеми людьми на этой земле, перед Богом и с Богом. Христиане имеют в виду всех, когда они взывают:

«Отче, да приидет Царствие Твое!»

ANHANG – AUSGEWÄHLTE TEXTE DER HL. MESSE:

Zur Begrüßung

> Die Gnade unseres Herrn Jesus Christus, die Liebe Gottes des Vaters und die Gemeinschaft des Heiligen Geistes sei mit euch!

Oder:

> Der Herr sei mit euch!

Antwort:

> Und mit deinem Geiste.

Der Bußakt:

> Ich bekenne Gott, dem Allmächtigen, und allen Brüdern und Schwestern, daß ich Gutes unterlassen und Böses getan habe – ich habe gesündigt in Gedanken, Worten und Werken durch meine Schuld, durch meine Schuld, durch meine große Schuld. Darum bitte ich die selige Jungfrau Maria, alle Engel und Heiligen und euch, Brüder und Schwestern, für mich zu beten bei Gott, unserem Herrn.

Die Kyrie-Rufe

> Herr,
> erbarme dich (unser).
> Christus,
> erbarme dich (unser).
> Herr, erbarme
> dich (unser).

Beispiel eines Tagesgebetes

> Gott, unser Vater,
> wir sind dein Eigentum
> und setzen unsere Hoffnung
> allein auf deine Gnade.
> Bleibe uns nahe in jeder
> Not und Gefahr und schütze uns.
> Darum bitten wir durch Jesus Christus.

Gebete zur Gabenbereitung

> Gepriesen bist du, Herr, unser Gott, Schöpfer der Welt. Du schenkst uns das Brot, die Frucht der Erde und der menschlichen Arbeit. Wir bringen dieses Brot vor dein Angesicht, damit es uns das Brot des Lebens werde.
> Gepriesen bist du, Herr, unser Gott, Schöpfer der Welt. Du schenkst uns den Wein, die Frucht des Weinstocks und der menschlichen Arbeit. Wir bringen diesen Kelch vor dein Angesicht, damit er uns der Kelch des Heiles werde.

ПРИЛОЖЕНИЕ – ИЗБРАННЫЕ ТЕКСТЫ К СВЯТОЙ МЕССЕ

Для приветствия

Благодать Господа нашего Иисуса Христа, любовь Бога Отца и причастие Святого Духа да будет с вами всеми!

Или:

Господь да будет с вами!

Ответ:

И с духом твоим.

Покаяние

Я признаю, Боже, Всемогущему, и всем братьям и сестрам, что я упустил сделать хорошее и совершил злое - я согрешил в мыслях, словами и делами, по моей вине, по моей вине, по моей большой вине. Поэтому я прошу блаженную Деву Марию, всех Ангелов и святых и вас, братья и сестры, помолитесь за меня пред Богом, нашим Господом.

Кирия

Господи,
помилуй,
Господи,
помилуй,
Господи,
помилуй.

Пример дневной молитвы

Боже, Отец наш,
мы - Твои создания
и уповаем
лишь на Твою милость.
Пребывай с нами во всякой
нужде и опасности и защити нас.
Об этом молим мы через Иисуса Христа.

Молитва к пресуществлению Святых Даров

Хвала Тебе, Господи, Бог наш, Творец мира. Ты даруешь нам хлеб, плод земли и человеческого труда. Мы приносим этот хлеб пред Лице Твое, чтобы он стал для нас хлебом жизни.
Хвала Тебе, Господи, Бог наш, Творец мира. Ты даруешь нам вино, плод виноградной лозы и человеческого труда. Мы приносим эту чашу пред Лице Твое, чтобы она стала для нас чашей спасения.

Einladung zum Gabengebet

Lasset uns beten zu Gott, dem allmächtigen Vater, daß er die Gaben der Kirche annehme zu seinem Lob und zum Heil der ganzen Welt.

P Betet, Brüder und Schwestern, daß mein und euer Opfer Gott, dem allmächtigen Vater gefalle.
A Der Herr nehme das Opfer an aus deinen Händen / zum Lob und Ruhme seines Namens, / zum Segen für uns und seine ganze heilige Kirche.

Beispiel eines Gabengebetes

Herr, unser Gott,
du hast Brot und Wein geschaffen, um uns Menschen in diesem vergänglichen Leben Nahrung und Freude zu schenken.
Mache diese Gaben zum Sakrament, das uns ewiges Leben bringt.
Darum bitten wir durch Christus, unseren Herrn.

Beispiel einer Präfation

P Der Herr sei mit euch.
A Und mit deinem Geiste.
P Erhebet die Herzen.
A Wir haben sie beim Herrn.
P Lasset uns danken dem Herrn, unserm Gott.
A Das ist würdig und recht.

In Wahrheit ist es würdig und recht, dir, Herr, heiliger Vater, immer und überall zu danken durch deinen geliebten Sohn Jesus Christus. Er ist dein Wort, durch ihn hast du alles erschaffen. Ihn hast du gesandt als unseren Erlöser und Heiland: Er ist Mensch geworden durch den Heiligen Geist, geboren von der Jungfrau Maria. Um deinen Ratschluß zu erfüllen und dir ein heiliges Volk zu erwerben, hat er sterbend die Arme ausgebreitet am Holze des Kreuzes. Er hat die Macht des Todes gebrochen und die Auferstehung kundgetan. Darum preisen wir dich mit allen Engeln und Heiligen und singen vereint mit ihnen das Lob deiner Herrlichkeit:

Приглашение к пресуществлению святых Даров

Богу помолимся, Всемогущему Отцу, чтобы Он принял дары Церкви во славу Свою и во спасение всего мира.

С (священник): Молитесь, братья и сестры, чтобы моя и ваша жертва понравилась Всемогущему Отцу.
В (все): Господь да примет жертву из твоих рук/ во хвалу и славу Своего имени, / в благословение для нас и всей Его святой Церкви.

Пример молитвы пресуществления Святых Даров

Господи, Боже наш,
Ты сотворил хлеб и вино, чтобы даровать нам, людям, пищу и радость в той преходящей жизни.
Претвори эти дары в таинство, которое даст нам жизнь вечную.
Об этом молим мы Тебя через Иисуса Христа, нашего Господа.

Пример префации:

С (священник): Господь да пребудет с вами.
В (все): И с твоим духом.
С: Вознесите сердца ваши.
В: Мы сердцем с Господом.
С: Возблагодарим Господа, Бога нашего
В: Достойно и истинно.

Воистину, достойно и истинно Тебя, Господи, Святый Отец, всегда и повсюду благодарить через Твоего возлюбленного Сына Иисуса Христа. Он - Твое Слово, через Него Ты сотворил все. Его Ты ниспослал, как нашего Избавителя и Спасителя: Он воплотился в человека, родился от Святого Духа и Девы Марии. Чтобы исполнить Твою волю и приобрести для Тебя святой народ, Он распростер при смерти руки Свои на дереве Креста. Он одолел силу смерти и возвестил воскресение. Потому славим мы Тебя со всеми Ангелами и святыми и вместе с ними поем славу Твоему величию.

Das Sanctus

Heilig, heilig, heilig
Gott, Herr aller Mächte und Gewalten.
Erfüllt sind Himmel und Erde
von deiner Herrlichkeit.
Hosanna in der Höhe.
Hochgelobt sei,
der da kommt
im Namen des Herrn.
Hosanna in der Höhe.

Nach der Wandlung

P Geheimnis des Glaubens:
A Deinen Tod, o Herr, verkünden wir, und deine Auferstehung preisen wir, bis du kommst in Herrlichkeit.

Abschluß des Hochgebetes

Durch ihn und mit ihm und in ihm ist dir, Gott, allmächtiger Vater, in der Einheit des Heiligen Geistes alle Herrlichkeit und Ehre jetzt und in Ewigkeit. Amen.

Nach dem Vaterunser

Erlöse uns Herr, allmächtiger Vater, von allem Bösen und gib Frieden in unseren Tagen. Komm uns zu Hilfe mit deinem Erbarmen und bewahre uns vor Verwirrung und Sünde, damit wir voll Zuversicht das Kommen unseres Erlösers Jesus Christus erwarten.
Denn dein ist das Reich und die Kraft und die Herrlichkeit in Ewigkeit. Amen.

Das Friedensgebet

Der Herr hat zu seinen Aposteln gesagt: Frieden hinterlasse ich euch, meinen Frieden gebe ich euch. Deshalb bitten wir: Herr Jesus Christus, schau nicht auf unsere Sünden, sondern auf den Glauben deiner Kirche und schenke ihr nach deinem Willen Einheit und Frieden.
P Der Friede des Herrn sei allezeit mit euch.
A Und mit deinem Geiste.

Санктус

Свят, свят, свят
Господь Саваоф.
Исполнены небо и земля
славы Твоей.
Осанна в вышних.
Благословен грядущий
во имя Господне.
Осанна в вышних.

После пресуществления Святых Даров

С (священник): Тайна веры:
В (все): Смерть Твою, о Господи, возвещаем мы и славим Твое воскресение, пока Ты грядешь во славе.

После евхаристической молитвы

Через Него и с Ним и в Нем Тебе, Боже, Всемогущий Отец, со Святым Духом вся слава и честь и ныне и всегда и во веки веков. Аминь.

После «Отче наш»

Избави нас, всемогущий Господи, от всякого зла и дай нам мир во все наши дни. Помоги нам, по Твоей милости и сохрани нас от прегрешений и грехов, чтобы мы могли в полной уверенности ждать пришествия нашего Спасителя, Иисуса Христа. Аминь.
Ибо Твое есть Царство и сила и слава вовеки. Аминь.

Молитва о мире

Господь сказал Своим Апостолам: мир оставляю вам; мир Мой даю вам. Поэтому просим мы: Господи Иисусе Христос, не смотри на наши грехи, а на веру Твоей Церкви и даруей ей по воле Твоей единство и мир.
С (священник): Мир Господа да будет со всеми вами всегда.
В (все): И с твоим духом.

Gebete vor der Kommunionspendung

Seht das Lamm Gottes, das hinwegnimmt die Sünde der Welt.
Herr, ich bin nicht würdig, daß du eingehst unter mein Dach, aber sprich nur ein Wort, so wird meine Seele gesund.

Beispiel eines Schlußgebetes

Barmherziger Gott,
du hast uns teilhaben lassen an dem einen Brot und dem einen Kelch. Laß uns eins werden in Christus und Diener der Freude sein für die Welt. Darum bitten wir durch Christus, unseren Herrn.

Segen und Entlaßgruß

P Der Herr sei mit euch.
A Und mit deinem Geiste.
P Es segne euch der allmächtige Gott, der Vater und der Sohn und der Heilige Geist.
A Amen.
P Gehet hin in Frieden.
A Dank sei Gott dem Herrn.

Молитва перед святым причастием

Зрите Агнца Божия, Который уносит с Собой грехи мира. Господи, я недостоин, чтобы Ты входил под мою крышу, но скажи одно слово - и моя душа будет здравой.

Пример заключительной молитвы

Милостивый Боже,
Ты позволил нам причаститься хлеба и чаши.
Позволь нам стать едиными во Христе и слугами радости для мира. Об этом просим мы Тебя через Иисуса Христа, нашего Господа.

Благословение и заключительное приветствие

С (священник): Господь с вами.
В (все): И с твоим духом.
С: Да благословит вас Всемогущий Бог, Отец и Сын и Святой Дух.
В: Аминь.
С: Идите с миром.
В: Спасибо Господу Богу.